Faça-se a Luz...
e a Luz Foi Feita

Manoel Antonio da Paz

Faça-se a Luz...
e a Luz Foi Feita

MADRAS

© 2003, Madras Editora Ltda.

Editor:
Wagner Veneziani Costa

Produção e Capa:
Equipe Técnica Madras

Revisão:
Rita Sorrocha
Wilton Vidal de Lima
Valéria O. Morais

Tiragem:
2 mil exemplares

ISBN 85-7374-430-8

Proibida a reprodução total ou parcial desta obra, de qualquer forma ou por qualquer meio eletrônico, mecânico, inclusive por meio de processos xerográficos, sem permissão expressa do editor (Lei nº 9.610, de 19.2.98).

Todos os direitos desta edição reservados pela

MADRAS EDITORA LTDA.
Rua Paulo Gonçalves, 88 — Santana
02403-020 — São Paulo — SP
Caixa Postal 12299 — CEP 02013-970 — SP
Tel.: (0_ _11) 6959.1127 — Fax: (0_ _11) 6959.3090
www.madras.com.br

Meus amados discípulos, este livro contém Meus ensinamentos, para que o homem possa ter visão e conhecimento maior do Reino de Deus.

Alegro-me sinceramente pelas emanações de vida ainda não ascensionadas que queiram trabalhar, demonstrando um vivo interesse em transformar este planeta na Estrela da Liberdade. E esta obra, *Faça-se a Luz...*, é o início de vossa caminhada ao conhecimento.

Confiai, o Templo do Fogo Violeta e suas respectivas legiões vos darão todo o auxílio possível em resposta aos vossos apelos, pois eles são a razão de minha existência.

Posso assegurar-vos que até agora apenas a superfície da Terra foi tocada pelo poder maravilhoso dos ritos da verdadeira Ordem Branca. Após a purificação definitiva do planeta, com a transmutação do caos ocasionado pela maldade humana (que envolve a orbe num sudário), ficareis encantados com a grandiosidade da Nova Era, que substituirá com beleza e perfeição a decadência, a infelicidade e o aviltamento de outros tempos.

O advento da Nova Era está muito mais próximo do que o vosso bem-amado coração pode supor. Eu vos agradeço, meus bem-amados, pela persistência com que executais as nossas tarefas que, não raro, vos parecem impraticáveis, ao pensarem em continuar o processo de libertação que ocorrerá sob meu reinado.

Eu os amo com aquele amor que está acima de toda compreensão humana.

Eu Sou a Luz
Mestre Ascensionado Saint Germain

Índice

Apresentação 11
Prefácio 13
Em Busca da Iluminação 13
Trabalho em Grupo no Santuário 15
Deus, somos seu propósito 16
A Grande Presença Eu Sou: Deus é tudo, é o Absoluto 16
O que é a Grande Fraternidade Branca? 17
Como o discípulo poderá auxiliar o Planeta? 18
Qual foi a finalidade de ser fundada a Fraternidade Santo
Graal da Liberdade? 19
O Verbo (Eu Sou) e a Santíssima Trindade 21
O que são Mestres Ascensionados? 23
O Fogo Violeta 25
A Lei do Perdão 26
A morte não existe 28
A verdade sobre a reencarnação 28
Harmonia e consciência 30
O que é um Mestre Ascensionado da Grande Fraternidade
Branca? 31
A Visão Divina do Homem 35
Ensinamentos do Bem-Amado Paulo Veneziano 37
Os Retardatários Segundo Gênese 39
Os Sete Corpos 41
A Lei do Carma (causa e efeito) 42
Shamballa 43
A construção de Shamballa 48
Iniciação da Grande Fraternidade Branca 53

8   Faça-se a Luz... e a Luz Foi Feita

Senhor Gautama — o Senhor do Mundo 55
Lord Maitreya é o Buda 58
Sanat Kumara regressando a Vênus 60
Conhecimento do Fogo Sagrado 61
Mensagem e Ensinamento 63
    A força do coração 63
    Como dominar a nossa língua 66
    A força do Grande Silêncio 66
    A Alma 67
    O que é um Manu? 68
    As palavras e os pensamentos não são Deus 69
Primeiro Raio — Azul 73
    Força — Poder — Decisão — Vontade Divina 73
    Invocação 78
    Descrição do Templo da Vontade Divina 79
    Ensinamento 80
    Mensagem 81
    Elohim Hércules — Decisão 83
    Chamado dos amados Elohim Hércules e Amazon 84
    A Lei da Precipitação e os Sete Planos da Criação ... 85
Segundo Raio — Dourado 87
    Iluminação e Sabedoria 87
    A Iluminação é o príncipio para todos 89
    Prece de Kuthumi (como de São Francisco de Assis) ... 93
    Invocação do Segundo Raio (Dourado) 93
    Elohim Cassiopéia — Percepção e Sabedoria 94
    A Lei da Precipitação 95
    Os eléctrons da Presença Eu Sou contêm o Fogo da
    Criação 96
    Quatro planos necessários para criar o átomo
    permanente de vosso desejo 97
    Como projetar um caudal de substância eletrônica de
    Vossos Três Centros 98
Terceiro Raio — Rosa 99
    Amor — Artes — Beleza da Inteligência Ativa 99
    Representante do Espírito Santo em nosso Planeta
    Paolo Veronese (Consola-Dor) 101
    Elohim Órion 103
Quarto Raio — Branco Cristal 107

Índice 9

Pureza — Ressurreição — Ascensão — Esperança 107
Afirmação da Chama da Ascensão 108
Quinto Raio — Verde 115
Verdade — Cura — Prosperidade — Dedicação 115
Arcanjo Rafael da Cura e da Dedicação 119
Os Sete Construtores da Precipitação (os Sete Elohim) 123
Sexto Raio — Rubi Dourado 127
Paz — Devoção — Amor 127
Templo do Amor e da Cura 129
Invocação 134
Sétimo Raio — Violeta 139
Libertação — Transmutação — Misericórdia 139
O poder da atividade da transmutação da Chama Violeta ... 140
Orientação para realizar o cerimonial 145
Cerimonial — Apelos — Ritmo — Liberdade 148
Apelo do Elohim Arcturus 150
Consideração Final 153

Apresentação

Eu, Manoel Antonio da Paz, agradeço aos irmãos e irmãs e amigos do Santuário do Santo Graal da Grande Fraternidade Branca Arcanjo Miguel, da qual sou dirigente, e a uma pessoa muito especial que me auxiliou e incentivou a escrever este livro, a Dra. Sonia Regina Ferreira Serrano. Também ao irmão e amigo, um Mestre no conhecimento da espiritualidade, Evaristo Bídule, em me auxiliar nesta obra da Grande Fraternidade Branca nesta Nova Era. Estão canalizando cada vez mais o conhecimento para todos, podeis perceber a quantidade de livros que hoje se encontram nas prateleiras das livrarias, quando antes este conhecimento só era levado aos Mestres e Monges, e eles, quando estavam para partir para o plano espiritual, levavam estes conhecimentos somente para os discípulos que estavam em condições de se tornarem Mestres para os demais.

Esses ensinamentos eram conhecidos por doutrina secreta, ocultismo. Hoje, já podemos sentar à mesa, tornando-nos parte nesse processo de evolução, participando com os Mestres ascensionados, sendo canais do Fogo Sagrado.

O iniciante ao discipulado não imagina a magnitude dos ensinamentos que os Mestres da Grande Fraternidade Branca colocam em vossas mãos. Todos nós temos que nos conscientizar da Verdade Divina dos Mestres. Essa conscientização determinará o grau de iluminação que o discípulo alcançará.

Diz-se que "quando o discípulo está preparado, o Mestre aparece".

Talvez o leitor deste livro descubra que é o discípulo e que tem estado a preparar-se para estabelecer um laço direto com um ou vários Mestres ascensionados, como seu discípulo, no caminho de regresso ao Lar.

Caminhai na Luz. Emanai a Luz. Expandi a Luz. Sede a Luz do Pai no Planeta.

Prefácio

Em Busca da Iluminação

Estes ensinamentos estão sendo enviados pela Grande Fraternidade Branca, para que cada iniciante ao discipulado possa ser orientado, visando levar a iluminação e o conhecimento para sua transformação e visão do arquétipo divino por meio de cada um. É a grande mensagem que vos traz a vida quando estiverdes preparados para aprendê-la. Pela primeira vez vos aparecerá a humanidade sob uma luz diferente e, então, todos os homens, sem distinção de raça, credo, casta ou cor, unir-se-ão como humanidade. Cristo, Krishna, Buda, Zoroastro, Maomé, esses seres extraordinários, que qualificamos de divinos, porque sentimos algo de elevado neles. Tão fortemente nos impressiona Sua grandeza, que nos sentimos insignificantes em Sua Presença; podemos pensar em nós, unicamente como humanos e, Deles pensamos como seres transcendentalmente divinos. Sentimos que a vida tem se transformado para nós porque existiram essas encarnações divinas, porque Deus desceu entre nós e "O Verbo fez-se carne". Porém, notai que o arroubamento que o cristão sente para com Cristo, o hindu para com Krishna, a adoração com que o budista contempla seu Senhor e Mestre, essa mesma adoração podeis senti-la para com todo homem e mulher viventes, pois não existe diferença, em qualidade, entre o maior e o menor da humanidade. Todos homens possuem a mesma admirável natureza divina, enquanto nós somos, para vós, um número, cujos semblantes nada vos dizem. Mas à medida que fordes alcançando a iluminação tereis a visão que todos somos irmãos filhos do mesmo Pai, o Grande Arquiteto do Universo.

Deus é Luz, Nele não há trevas. A Luz não se contamina nas trevas. Por exemplo, se lavamos com água pura um objeto impuro, a água se torna impura. Não pode neutralizar-se, senão apenas transfere para si as impurezas do outro. A água é sumamente como outros elementos contamináveis ou vulneráveis.

Somente a Luz é incontaminável, invulnerável e pura; pode penetrar em todos os locais sem agredir, até mesmo um simples vidro.

Por isso o Mestre Jesus disse aos seus discípulos: "Vós sois a Luz do mundo"— Não podeis permanecer ocultos e nem envolver-se nas impurezas. Este é o significado que o Divino Mestre nos dá pelo exemplo de sermos iguais à Luz. Pois quando o nosso Cristo manifestar-se completamente, seremos puros no meio dos impuros e das impurezas ao redor; purificaremos as impurezas sem nos envolvermos.

Essa invulnerabilidade interior é a pureza, pureza de coração. Nenhum homem purificado pela Luz do conhecimento da Verdade sobre si mesmo se orgulha de sua espiritualidade, mas agradece a Deus por essa dádiva.

Se permaneceres no centro do Grande Coração de Deus, sereis o canal utilizado por Ele. Então os vossos olhos tornar-se-ão radiantes, porque por meio deles brilhará Sua Luz; vossas mãos serão a bússola de Sua Onipotência; vossos corações serão instrumentos pelos quais Ele pronunciará Suas palavras, projetando-as no mundo da forma; vossos pés serão mensageiros de um Mestre, atravessando o Universo; vossa energia será o canal para aquilo que Deus quer que seja executado por vós, exatamente na posição que ocupais no Universo.

Eu Sou Luz
Saint Germain

Trabalho em Grupo no Santuário

Quando estamos reunidos em grupo no Santuário, criamos uma Agregore Energia, atingindo assim as Oitavas de Luz, juntamente com a Grande Fraternidade Branca, na qual todos formam um único coração e sentem Um Conosco. O sacerdote (ou a sacerdotisa) representa um regente (Maestro) e os discípulos e assistentes são os músicos, cada um é uma peça muito importante para formar-se uma Orquestra Sinfônica. O amor, a harmonia e a disciplina deverão estar presentes para que se forme uma chama gigantesca, emanando a Chama Trina, visualizando-a saindo de seus corações e projetando-a para o altar em que está sendo realizada a cerimônia. Nesse momento, os Mestres Ascensionados juntamente com o Espírito Santo (Maha Chohan) derramarão o Fogo Sagrado do Grande Sol Central. Sede conscientes do poder ilimitado que colocamos em vossas mãos, para realizarem tudo que é edificante.

O sacerdote ou dirigente leva o grupo para uma forma de pensamento que você desejar ou necessitar, e depois de emanada toda a energia gerada por todos os participantes, materializa-se pela força que a harmonia possui e derrama-se sobre o planeta, sobre todas as emanações de vida e para o cosmo.

É preciso que o discípulo tenha cuidado ao falar, ao pensar e ao sentir, para que não multiplique o mal, pois tudo que pensamos, sentimos e falamos, nós criamos, tanto o mal como o bem. Limite-se ao fato de que, por sua elevação enriquecem a vida pelo bom exemplo. Não dê muita atenção aos noticiários de jornais, rádio e televisão, que destacam a iniqüidade do planeta. Como todos sabem, na realidade não existe poder que não possa ser coberto com a Luz e o Amor de vossos corações!

Deus, somos seu propósito

Jesus disse: "Eu sempre reconheci o Pai sendo o Poder que se realizava por meio de Mim, pois cada indivíduo, cedo ou tarde, precisa reconhecer a Presença Eu Sou, que é a sua própria força vital. Este conhecimento Eu levava aos Meus discípulos, e em uma destas passagens, Tomé, Me pediu: Mestre, mostra-nos o Pai e Eu lhe disse: Tomé, eu estou a tanto tempo convosco e ainda não o conheceis. Quem Me vê está vendo o Pai, pois Eu estou no Pai e o Pai está em Mim".

Vocês podem imaginar Deus como uma imensa Bola de Fogo de uma chama siderúrgica, e cada um de nós a uma centelha desta chama que se individualizou a partir desse fogo. Fomos experimentar a involução até voltarmos a evoluir. Como Eu vos falo da "parábola do filho perdido", a oportunidade é dada pelo reconhecimento, pois somos atributos diários à chama do amor do nosso Ser, para serem ampliados. Cada vibração de amor, pureza e sabedoria produzirá em vós um novo sentido de magnitude, mesmo que não seja perceptível exteriormente. Ele manifestar-se-á subconscientemente em nossos pensamentos interiores.

Faça que Deus seja o poder em vós, por meio do amor e fraternidade, depois, enviai para o mundo inteiro como o Fogo Sagrado, para triunfar sobre as trevas do Planeta, dizendo: "Eu sou a Vitoriosa Luz de Deus que nunca falha e está presente".

A Grande Presença Eu Sou: Deus é tudo, é o Absoluto

Jesus disse: "Quanto mais estiveres cientes que Deus está dentro de vós, tanto mais depressa vossa Presença Eu Sou assumirá o comando do vosso ser!"

Pois eu sempre levei minhas palavras confortadoras para quem desejava seguir-Me no caminho, dei a esperança de uma reunião final e pessoal com Deus.

Essas Minhas palavras são a promessa que todos Nós, Mestres da Grande Fraternidade Branca, levamos aos nossos discípulos, pois a Luz da Hierarquia é a lei da evolução, na qual o menor está sempre destinado a tornar-se maior.

"Tende bom ânimo. Eu venci o mundo." Alegrai-vos! Se Eu venci o mundo, também vós podereis fazê-lo, demonstrando as mesmas leis que demonstrei.

"Aquele que crê em Mim fará também as obras que Eu faço, e outras maiores fará, porque Eu vou para junto do Pai." Se acreditais no potencial do Cristo em Mim, pelo qual Eu fiz as obras de Deus na Terra, Ele é o absoluto, então podeis fazer as mesmas obras pela ação do vosso potencial crístico. Uma vez que Me tornei Uno com a Fonte de toda Vida no Ritual da Ascensão e que subi "ao Meu Deus e ao vosso Deus", podereis realizar ainda maiores obras, pois multiplicarei o poder da vossa vitória pela plenipotência da Minha.

"Portanto, sede perfeitos como é perfeito o vosso Pai Celestial." Uma vez que o Pai, a Fonte da Vida é perfeito e que nós nos tornamos Um com o Pai ao aplicarmos a perfeição de Suas Leis, também vós podeis aperfeiçoar-vos nesta unidade, se fizerdes dessa perfeição vossa meta.

Não podeis esquecer que no vosso coração vive uma "miniatura de Deus" envolta na maravilhosa Chama Trina (azul, dourada e rosa), que é a perfeita manifestação das qualidades divinas de Deus.

Sede um bom exemplo para os vossos semelhantes, pois o caminho de Deus é feito de amor, paz, alegria, felicidade, beleza, proteção e perfeição total, pois Deus é o Absoluto.

O que é a Grande Fraternidade Branca?

A Grande Fraternidade Branca é uma hierarquia composta por seres ascensionados, que vivem assim como vós, encarnados da Terra. Nós, seres ascensionados, dissolvemos, transmutamos e purificamos os vossos carmas. Conhecemos as leis da vida, pudemos assim evoluir e trabalhar em planos mais elevados. Mas, por nosso grande amor pela humanidade, renunciamos permanecer nas esferas de beleza, de amor e de perfeição, tornamo-nos "prisioneiros do amor", para ensinar e auxiliar os homens que ainda não atingiram sua ascensão. Sempre que Nos invoquem, estaremos presentes, como o Mestre Jesus nos ensinou: "Onde uma ou mais pessoas invocarem o Meu Nome estarei presente". Invoque-Nos!

Não podeis esquecer da Grande Lei Cósmica que guia a Terra e a humanidade, pertencente ao Plano Divino existente para cada um. Deus quer proporcionar felicidade, paz, amor a todos, mas a humanidade esqueceu que existe uma Grande Hierarquia Cósmica, que a protege e a guia a éons e que Se encarrega em resguardar e proteger a Terra.

Olhai o vosso planeta e toda a vida sobre ele envoltos na Luz. O verdadeiro discípulo da Luz deve unicamente pensar, sentir, ver e revelar a perfeição; expandir apenas a luz do bem, constantemente.

Porque a Luz de Deus que é sempre vitoriosa nunca falha e está presente!

Eu Sou Luz
Saint Germain

Como o discípulo poderá auxiliar o Planeta?

Resposta do Mestre do Cajado: "É procurar o treinamento começando pelo eu menor, com estudo de padrões de comportamento, atrair a perfeição em vosso mundo e do vosso próximo. A vida não está nestes momentos, radiantes de esplendor, e como a Flor de Lótus quando só existe a semente sufocada no lodo, de tantas aflições, tantas angústias! E, não obstante, vós sufocais esta semente não a deixando crescer em vossos corações. Da obscura nuvem de sofrimento deixai crescer e transpassar a água que purifica e possa se abrir na superfície levando a beleza, o perfume e a vida a todos.

Vós que vos tornastes Nossos adeptos sois a Flor de Lótus, sois inspirados pela Consciência Cósmica (Eu Sou), podeis levar os trabalhos científicos, literários na área de psicologia, poéticos, composições musicais, que extasiam as criaturas, levando a alegria, o amor e a fraternidade e o conhecimento a toda a humanidade, sendo Nossos representantes. Não creias, pois, irmãos, que a espiritualidade se consiga assistindo a cerimônias, ouvindo conferências e lendo livros. É, pelo contrário, questão de esquadrinhar o coração dos homens, compartilhando as suas alegrias e as suas angústias e de compreender que vós, por vossa condição de serdes um pouco mais velhos e um pouco mais fortes que muitos, podeis suster o débil e purificar os fundos lodosos do mundo. Começai a trabalhar valorosamente pela vida integral e chegará a vós, inevitavelmente, a Visão Divina do homem.

Qual foi a finalidade de ser fundada a Fraternidade Santo Graal da Liberdade?

Foi fundada para enriquecer a humanidade com iluminação e conhecimento, e não de criar a dependência de doutrinas, que exibem a varinha mágica para resolver os problemas de cada um, sem esclarecer que sua cura está dentro de Si, o Cristo Interno, a Chama Trina que habita cada um de Nós. É como diz um ditado oriental: "Nunca dê o peixe, ensine a pescar, para não criar dependência".

Com ensinamento dos nossos quatro corpos inferiores, físico, etéreo, mental e emocional, só serão purificados quando a Nossa Divina Presença manifestar amplamente em cada um de nós, livres da imperfeição, foi o grande ensinamento do Mestre Jesus quando disse: "Eu Sou a porta aberta que nenhum homem pode fechar", — "Eu Sou o Caminho, a Verdade e a Vida", "Eu Sou a Ressurreição e a Vida".

Então, revelam-se esses ensinamentos, em que cada emanação de vida vai evoluindo e aprende-se a aplicá-los até conseguir a liberdade. Pois essa verdade deverá ser novamente conhecida, porquanto está determinado que a Terra seja a Estrela da Liberdade.

Esta porta deste átrio vos será aberta; entrai, pois, vós que procurais a Liberdade.

O Verbo (Eu Sou) e a Santíssima Trindade

No princípio era o Verbo (a palavra de Deus), e o Verbo era com Deus, e o Verbo era Deus. Ele era no princípio com Deus. Tudo foi feito por Ele; e sem Ele, nada do que foi feito se faria. N'Ele estava a vida; e a vida era a Luz dos homens. E a Luz brilha nas trevas, mas as trevas não a compreenderam. Essa era a verdadeira Luz que alumia todo homem que vem ao mundo.

A todos os que O receberam, deu-lhes o poder de se tornarem filhos de Deus, aos que crêem no Seu nome, Eu sou o que eu sou, que nasceram de Deus.

E o Verbo fez-se carne e habitou entre nós e vimos a Sua glória como do unigênito do Pai, cheio de graça e de verdade.

João

Quando Deus se manifestou a Moisés, para descrever os mandamentos, ele perguntou o seu nome para levar ao seu povo, e o Senhor lhe disse: "Vá e diga que Eu sou o que Eu sou". (Êxodo, Cap. III, Vers. 13 e 14.)

E essa instrução o Mestre Jesus transmitiu aos seus discípulos dizendo: "Eu Sou a Fonte da Água Viva, quem beber desta Água nunca mais terá sede". Ele nos diz que o Eu Sou é a fonte de nossas vidas, nosso verdadeiro Ser!

Esse maravilhoso Ser Divino é desdobrado de Deus. A Divina Presença Eu Sou é tão radiante como o sol do meio-dia, é a Força Onipotente de Deus, pois possui a essência do Criador. O Eu Sou, este Ser Divino, envia a Fagulha Divina pelo cordão prateado, que penetra pelo alto de nossa cabeça, desce até o nosso peito, em que este Fogo Sagrado pulsa em nosso coração que liga ao coração de Deus.

Este Fogo que se manifesta e envolve nosso coração, a maravilhosa Chama Trina Azul, que representa o Pai, é o poder, força e a Vontade Divina; a Dourada, o Filho, a iluminação e a sabedoria; e a Rosa representa o aspecto feminino de Deus, que é o Espírito Santo, o amor, a arte e a beleza. Chama Trina significa a vida, esta energia que faz bater o nosso coração e rege todos os nossos movimentos, é o princípio que nos dá o poder dos nossos pensamentos, sentimentos e rege nossa vida, a miniatura divina, mas quando a Presença Divina que habita nosso coração retira-se do corpo, acontece o nosso desencarne.

Quando pronunciarmos "Eu Sou", devemos pronunciar sempre acompanhada de sentimento e pensamentos perfeitos e criativos para o bem, pois o "Eu Sou" é um mantra do Nosso Criador, como, por exemplo: "Eu Sou" a Ressurreição e a Vida de todas as células e átomos de meu coração manifestadas agora mesmo em saúde perfeita", e isto forma um molde ou um cálice (Santo Graal) daquilo que pedimos e criamos em nossas vidas e alcançaremos as virtudes, o Santo Graal gradualmente irá preenchendo até que elas se manifestem. O Mestre Jesus sempre utilizou os mantras em suas afirmações: "Eu sou" o Caminho, a Verdade e a Vida", "Eu sou a Ressurreição e a Vida", "Eu sou a Luz do Mundo" e estas poderosas afirmações possibilitaram a Ele sua Ressurreição e Ascensão.

Uma vez que "Eu Sou" é simultaneamente o nome sagrado e o verbo "Ser", compreendemos que o nosso Deus é uma realidade vivente, contínua, dinâmica — uma presença muito pessoal que Se nos revela por Sua ação em nossa vida.

Deus quer que afirmemos que o nosso ser é Seu, e que o Seu Ser é nosso. O nosso ígneo destino é sermos Um — vamos dar um exemplo como se Deus fosse na siderúrgica o ferro que está sendo fundido, aquela bola de fogo, e nós seríamos as centelhas que irradiam desta, e então podemos compreender que fazemos parte desse todo, ou seja, partilhamos dessa unidade universal. Dia após dia nós vivenciamos essa unidade ao confirmarmos a Sua Palavra "Eu Sou".

A palavra falada é um instrumento da unificação da nossa Chama Trina com os nossos quatro corpos inferiores, físico, etéreo, mental e emocional. Apelai e fazei afirmações do mantra para a ressurreição e a vida do nosso coração muitas vezes por dia. Fazei com amor, porque a energia de Deus é amor e faz cumprir a grandiosa tarefa de curar-vos! Pois Deus quer que tenhamos uma vida próspera quando servimos, a fim de libertar todas as emanações de vida.

A Chama da Ressurreição emana o fogo tão eficaz que foi utilizada pelo Mestre Jesus, o Cristo, na sua vitória sobre a morte. E Ele nos disse: "As obras que Eu faço podereis fazer maiores ainda".

Jesus veio nos mostrar o caminho para que possamos chegar à mesma vitória que Ele alcançou por intermédio do Cristo (Chama Trina) que vive em nós, a Presença do Nosso Eu Verdadeiro.

Vamos recitar em voz alta, com todo o amor do nosso coração: "Eu sou a Ressurreição e a Vida de todas as células e átomos do meu coração, que manifesta amplamente a perfeição em meus corpos físico, etéreo, mental e emocional".

Toda a humanidade espera sempre do exterior os ensinamentos, auxílio e curas física e espiritual. Mas estas forças estão dentro de nós e muitas vezes adormecidas.

Por isso os Mestres Ascensionados estão nos ensinando que o poder do "Eu Sou", que está em nossos corações, tem o poder de nos dar os ensinamentos, os conselhos, o amor, a sabedoria, as curas e tudo que precisamos. Por isso que o Mestre Jesus disse: "Buscai em primeiro lugar o Reino de Deus e a Sua justiça e todas as coisas serão vos dadas por acréscimo" (João, Cap.VI, Vers. 33).

O que são Mestres Ascensionados?

São seres como nós, que tiveram milhares de reencarnações e aproveitaram bem. Foram os santos e sábios de todas as épocas — sacerdotes, videntes-profetas, filósofos-cientistas, que se destacaram em todos os campos de atividade, procuraram fazer do ritual da reunião divina a meta de suas vidas. Para consegui-lo, recorreram como discípulos aos Mestres e ao próprio Deus Todo-Poderoso, para que transmutassem as limitações do tempo e espaço e exercessem os Seus domínios sobre os planos da terra (matéria), procurando servir aos seus semelhantes e levando a igualdade, liberdade e fraternidade. A busca do autoconhecimento foi para Eles uma paixão absolutamente consumidora. Vencendo todos os obstáculos, traçaram o Caminho da Verdade, como o Mestre Jesus nos ensinou. Avançaram pelos vales sombrios e sobre os escarpados cumes da vida para vencer as ilusões do eu menor. Com as suas vitórias atingiram suas Ascensões, cumpriram suas missões crísticas e conquistaram assim a sua liberdade imortal, como Mestres Ascensionados da Grande Fraternidade Branca. Entre Eles contam-se Gautama Buda, o Senhor Maitreya, Kuan Yin, Confúcio, El Morya Kutumi, Djwal Khul e muitos outros Mestres do Extremo Oriente. No ocidente tivemos Elias, Eliseu, Enoque, Moisés, Zaratustra, Jesus (o Cristo), Mãe Maria, João (o Bem-Amado), São Francisco de Assis, Joana d'Arc, Santa Terezinha, Saint Germain e muitos do século passado, Mahatma Gandhi, Martin Luter King, Madre Teresa e Irmã Dulce, que já poderiam evoluir em outras esferas, mas estão aqui para nos auxiliar, divulgando os seus ensinamentos aos discípulos espalhados pelo mundo nesta Nova Era Aquariana. São seres de Liberdade Divina, cujas almas tornaram a unir-se ao Espírito de Deus, conhecido como a Presença Divina Eu Sou.

Chamamo-lhes de Mestres Ascensionados porque se tornaram senhores do tempo e do espaço pela aplicação das mesmas leis que o Mestre Jesus e outros iluminados demonstraram. Receberam o nome de Mestres Ascensionados porque ascenderam à Presença de Deus, tal como aconteceu com Jesus quando foi levado às alturas e quando a nuvem encobriu-O dos olhos dos humanos. A nuvem à qual todos eles ascenderam é a Presença Divina Eu sou, que Moisés viu aparecer na sarça que ardia sem ser consumida, e que se identificou como sendo o "Eu sou".

Mas com a Presença da Era da Liberdade, que começou em maio de 1952, o Mestre Ascensionado Saint Germain assumiu o Cetro do Poder nestes dois mil anos vindouros, prometendo a Liberdade a todas emanações de vida, reinos dos animais, elementais e anjos prisioneiros. E nesta Nova Era irá promover uma impressionante mudança no modo de pensar e sentir, enfim na vida, que só o conhecimento espiritual proporciona. O Bem-Amado Mestre Ascensionado Saint Germain divulgava a verdade interna que Jesus também conhecia e pregava o que, há poucos anos, só era ensinada nos Templos Etéreos de Luz, dos Mestres Ascensionados. Esses conhecimentos agora estão acessíveis a todos vós, amados discípulos, utilizai-os em cada momento das vinte e quatro horas do dia.

O Fogo Violeta

Ensinamentos do Mestre Ascensionado El Morya: antes deste conhecimento ser trazido à humanidade, nós tínhamos de reencarnar milhares de vezes para purgar ou expiar nossos erros passados. O Mestre Jesus deu o exemplo aos seus discípulos: "Pedro, guarda a espada, pois quem com a espada fere, com a espada será ferido", é a Lei da Causa e Efeito (carma). Porém, a humanidade, em vez de se purificar dos erros cometidos, está cada vez mais contraindo carma, atrasando o processo de evolução do Planeta. Mas Deus, pela sua misericórdia que é infinita, nos enviou o conhecimento do Fogo Violeta, que é a Energia do Fogo Sagrado que o Mestre Ascensionado Saint Germain oferece a toda a humanidade, esta é a Vontade de Deus nesta Nova Era.

A dispensação permitindo que o Fogo Violeta fosse posto à disposição dos discípulos neste século foi concedida pelos Senhores do Carma, porque Saint Germain compareceu perante esse Conselho para advogar, como defensor da humanidade, a causa da Liberdade, quando Ele se preparou em milhares de reencarnações para assumir essa grande responsabilidade.

O Fogo Violeta é uma força da Energia Divina, que tem o poder de atrair e dissolver toda energia impura gerada por nós, tais como ódio, mágoa, inveja, avareza, ansiedade, depressão, doenças, pois vós não podeis imaginar tudo que foi projetado pela humanidade lançada nos éteres — projéteis da mente humana — que encheram os vastos espaços interatômicos dos nossos corpos. Essa energia tornou-se dura como cimento ou pegajosa como melaço quando fica agarrada aos quatro corpos inferiores, produzindo rebeldia mental, dureza de coração e insensibilidade às necessidades do próximo, criando uma massa espessa que não permite à vossa alma receber as frágeis comunicações do Espírito Santo e da Divina Presença Eu Sou. Para transmutar toda essa energia negativa em positiva, vós tereis que utilizar três vezes ao dia apelos para a Chama Violeta transmutar as energias mal qualificadas, assim afastadas todas as criações inferiores aderidas em vossos corpos físico, etéreo, mental e emocional, ireis constatar uma acentuada serenidade dos seus sentimentos, bem como notável lucidez da mente e melhora do corpo físico. Alguns discípulos conseguem ver essa Chama quando invocam seu auxílio, outros sentem-na. E o que é mais importante: quando usares o Fogo Violeta, utilizai não somente em vós mas também em vossos entes queridos, em vossa comunidade, sobre vosso país, e sobre todo o Planeta, em cada ser vivente, nos reinos dos elementais, reino da natureza, reino dos animais. Com os apelos de Chama Violeta queimareis os vossos carmas individuais, coletivos e planetários, como o Mestre Jesus disse aos seus discípulos: "Vós sois a Luz do Mundo e esta Luz não se põe debaixo da mesa, mas, sim, no teto, para que todos possam ver vossa Luz".

Caríssimos discípulos, apelai à Vossa Presença Divina EU SOU e ao Mestre Ascensionado Saint Germain para chamejar com muito amor o Fogo Violeta. Logo começarão a ser afastadas todas as vossas criações inferiores, pois se usarem com intensidade os apelos da Chama Violeta, se tiverem de vir a reencarnar mais de centenas de vezes, poderão eliminar o carma em poucas, ou talvez não necessitem reencarnar novamente.

A Lei do Perdão

Desde o início, o que mais fez atrasar a evolução da humanidade foi a falta do amor e principalmente da humildade. Na maioria das vezes, nós magoamos e prejudicamos os nossos semelhantes, pela facilidade que sentimos para criticar e julgar as pessoas. O grande exemplo que nos deixou o Mestre Jesus foi a respeito do julgamento e Ele nos mostrou o Ensinamento Divino: — "Não julguem os outros e Deus não julgará vocês. Não condenem os outros e Deus não condenará vocês. Perdoem os outros e Deus perdoará vocês. Dêem aos outros e Deus dará a vocês. E assim vocês receberão muito, muito mesmo." (Lucas, Cap. VI, Vers. 37 a 38).

Por isso, apelar à Lei do Perdão significa cumprir um Decreto Divino por meio do qual um indivíduo pode alcançar, para si e para outra emanação de vida, o perdão pela transgressão da Lei do Amor.

Se cada indivíduo, mesmo por mais corrompido, apelar à Divina Presença EU SOU com o verdadeiro desejo de alcançar a perfeição e a Divina Presença de toda a humanidade e invocar e flamejar o Fogo Violeta a fim de transmutar seus erros, então o "Eu Sou"poderá enfim atuar e o Fogo Sagrado operará verdadeiros milagres!

A aplicação da Lei do Perdão é muito simples, pois nada mais é do que uma purificação da alma de todo carma imperfeito sob a completa submissão de eu-personalidade ao Santo Ser Crístico, que habita no centro do coração físico. O discípulo deverá, primeiramente, invocar a sua própria Presença "Eu sou" e depois a um ou vários Seres Divinos do Sétimo Raio; em seguida, apelar ao Raio da Misericórdia e do Perdão para sublimar todas as imperfeições, conhecidas ou desconhecidas, transformando-as em perfeição Divina.

A aplicação da Lei do Perdão deverá ser feita todos os dias, várias vezes, e visualizai todos os vossos supostos inimigos num enorme Fogo Violeta e decretai: "Eu sou a lei do perdão da chama violeta transformadora de todos erros que cometi consciente ou inconscientemente nesta vida e nas vidas passadas" (3 vezes). "Eu Sou a lei do perdão da chama violeta transmutadora de todos os erros da humanidade."

Não podeis esquecer que no passado nós magoamos e prejudicamos pessoas, reino dos animais, reino dos elementais da terra, água, ar e fogo, que possuem inteligência e esforçam-se por adquirir tanta perfeição quanto nós.

Meus amados, já começou a Era da Liberdade, vamos aproveitar enquanto é tempo para transmutar por meio do Fogo Violeta todos os erros que cometemos, por pensamentos, palavras e obras contra toda partícula de vida, pois todos os vícios, erros, perversidades e iniquidades são oriundos dos homens e cada dia que passa se alastram por toda a parte. Essa não é a vontade de Deus, por isso utilizai intensamente o Fogo Violeta do Amor pela Liberdade, acompanhado dos apelos à Lei do Perdão. Este é o meio mais eficaz de impedir que as criações malignas se consolidem no mundo.

Amai vossos inimigos e rezai por aqueles que vos perseguem.

A morte não existe

A vida é eterna, perfeita e maravilhosa. Ao cerrar-se a porta, após uma vida terrena nos apresentamos aos senhores do carma, no reino etéreo, onde somos levados a um enorme edifício branco, de forma quadrada, chamado Corte de Justiça, mas na verdade é um Santuário de Grande Amor e Misericórdia. Todos nós um dia compareceremos naquele edifício, pois a alma antes de nascer torna a passar, para receber as tarefas que deverá realizar em sua vida futura.

Não existe quem não esteja familiarizado com esse átrio do carma. As almas que ali se apresentam são encaminhadas às esferas que lhes correspondem, em virtude dos "comportamentos problemáticos" de suas diversas encarnações. A morte nunca significa um fim, bem ao contrário, Nós a consideramos um novo começo. Ela oferece a oportunidade para redimir as faltas cometidas pelo mau uso da energia divina e oferece uma colheita de uma vida de honestidade e retidão. Jesus veio à Terra para provar a Verdade sobre a Ressurreição, a Ascensão, sobre a magnificência da Vida Eterna.

O Mestre nos mostrou que a morte, a imperfeição, a decadência e a velhice foram criadas por nós e que todas as criações humanas destrutivas não existem. Consagrou-se a uma vida perfeita e mostrou ao mundo a Sua sobrevivência. Seus ensinamentos dão-nos, claramente, a esperança de que nós, um dia, também alcançaremos a consciência e o conhecimento que afastarão de nós o terror da morte e nos levarão finalmente à Ascensão.

O grande processo da evolução obriga-nos a vestirmos um corpo físico, a fim de aprendermos aqui na Terra a dominar com sabedoria a Força Vital, e de amadurecermos num painel abrangedor da evolução, no qual está determinada nossa missão espiritual.

A verdade sobre a reencarnação

A reencarnação para a alma que se desenvolve na atual atmosfera do Planeta é, na verdade, uma grande misericórdia divina.

A reencarnação é a única e verdadeira explicação lógica para inúmeras injustiças aparentes, como, por exemplo, quando observamos o destino tão adverso de certas pessoas boas e valorosas enquanto outras, que consideramos "más", desfrutam de uma existência feliz. Estas pessoas trazem de outras existências os saldos positivos de suas vidas. Podeis estar certos, não há injustiça, cada um reencontra apenas as conseqüências de antigas causas que semeou, por isso temos que ter muito cuidado, pois a semeadura é livre, mas a colheita é obrigatória.

A necessidade de um alívio para os males originados de causas passadas e os esforços prolongados para purificar o acúmulo de carmas individuais, nacionais, raciais e do próprio Planeta são de grande importância. Nas famílias e nas nossas relações as pessoas são aproximadas com o único propósito de dissolver as culpas e faltas recíprocas do passado, já esquecidas. Quando reinam o amor e a harmonia entre elas, é certo já ter havido, em outra época, um vínculo de afeição e concórdia. Muitas vezes, não nos aceitamos como parentes, filhos que não aceitam os pais, e pais que não aceitam filhos, irmãos que se odeiam, mas Deus dá a oportunidade de reencarnar em famílias em que possamos resgatar e dissolver essas dívidas cármicas. Às vezes, ao vermos uma pessoa, sentimos antipatia ou ficamos de prevenção, isso nada mais é do que reminiscências de desavenças do passado que afloram do subconsciente. Existe um ditado oriental que diz: "Amigos nós escolhemos, mas parentes nós temos por obrigação".

O motivo do nosso esquecimento de fatos ocorridos reside de muitos erros e maldades da humanidade que são pesados e apavorantes, do ódio e das injustiças que nós cometemos. O afloramento dessas lembranças em nossas mentes nos prejudicaria na nossa evolução, de modo que a Lei Cármica, piedosamente, faz descer o véu do esquecimento para dar ao Eu (o próprio ser) uma oportunidade de expandir sua Luz, sem precisar carregar, nesta vida, o peso e o ressentimento das encarnações passadas.

Nosso Deus é um Deus de amor, um Deus bondoso, que dá a todos seus filhos amor, beleza, alegria e opulência, que é a Vida Eterna.

Harmonia e consciência

A Lei da harmonia que rege o Universo é a lei fundamental da vida sobre todas as outras. Essa lei, uma vez quebrada, faz com que o homem sofra a conseqüência na forma de desventura. Se o homem não a tiver em seu pensamento sentimento e, principalmente, em sua consciência, essa energia de Deus, será impedido de viver em felicidade com o Universo.

Quando o homem compreender que a desobediência a essa simples lei foi a causa da sua desgraça, e mudar a sua forma de consciência, para viver em harmonia, tornar-se-á ser perfeito no Reino de Deus. Essa compreensão nada mais é do que um "estado de consciência". Em cada pessoa, a consciência é formada, precisamente por aquilo de que ela tomou conhecimento, pelas experiências de sua vida.

Dividimos a consciência em três grupos:

1. O inconsciente, que abarca as experiências do passado, até as que se acham ocultas em seu ser.
2. O consciente, em que são depositadas as experiências do presente.
3. O superconsciente, o desdobramento espiritual ao qual aspira todo homem.

A consciência é a única propriedade de cada emanação de vida individualizada. Ela não pode ser roubada nem destruída. Portanto, tudo o que alguém insere na sua consciência, por meio da observação e do esforço, lhe pertence, para toda a eternidade. Ao longo da sua evolução, o homem é submetido a três espécies diferentes de consciência:

1. A consciência individual, pela qual ele se reconhece como um foco inteligente de Luz e, com o uso das energias, faculdades e livre-arbítrio, é capaz de organizar e dirigir um plano de vida individual.
2. A consciência das massas, na qual cada pensamento e sentimento, as virtudes e vícios de uma coletividade contribuem para uma "consciência coletiva" que traz consigo uma qualidade específica.

3. A consciência cósmica (Mestres Ascensionados), na qual a inteligência autoconsciente somente utiliza as faculdades criadoras dos pensamentos, sentimentos e palavras faladas, para criar intencionalmente. E isso é transmitido por meio da intuição ou da inspiração e telepatia aos discípulos que estejam em harmonia com a consciência cósmica que é perfeita.

O que é um Mestre Ascensionado da Grande Fraternidade Branca?

Eu inicio falando sobre um Salmo. "...Celebrai ao Senhor com jubiloso clamor todas as terras. Servi ao Senhor com alegria: vinde à Sua presença com cânticos de júbilo. Sabei que o Senhor é Deus: Ele nos criou e não nós próprios..."
    Entrai em Seus pórticos com ação de graças, e em Seus átrios com louvores: dai-Lhe graças e bendizei o Seu nome.
    Para milhares de devotos da Luz de Deus em todo o mundo, fazer decretos tornou-se um "jubiloso clamor ao Senhor". Durante as décadas passadas, aqueles que procuravam conhecer os verdadeiros ensinamentos do Verbo (ou palavra) de Deus descobriram, na ciência dos decretos, uma das mais eficazes formas de meditação – uma meditação grandiosamente consumada pelo poder da palavra falada.
    Apresento estas palavras dos Mestres Ascensionados da Grande Fraternidade Branca, que ensinaram os seus discípulos a usar a arte esquecida da invocação, praticada na Atlântida e na Lemúria. Há mais de doze mil anos, nos templos desses continentes perdidos, os sacerdotes e sacerdotisas do Fogo Sagrado faziam invocações à Chama da Vida, aplicando os princípios da ciência da Palavra Sagrada.
    Essa ciência, praticada durante muitos séculos por adeptos (discípulos) do Extremo-Oriente e por místicos ocidentais, descreve os usos da voz e do chacra laringo (garganta) na recitação de mantras, salmos, orações, invocações, afirmações, cânticos de alegria e louvor, e mandatos destinados a intensificar a ação das forças benignas no corpo planetário e no mundo individual do homem.

Mas hoje eu explicarei da forma mais simples o que quer dizer Mestres Ascensionados: são grandiosos seres que estão divulgando os seus ensinamentos aos discípulos espalhados por todo o mundo nesta nova aurora da Era de Aquário. São seres que atingiram a perfeição, saldaram seus débitos cármicos e não necessitam mais reencarnar; já atingiram a Liberdade Divina. Para atingir esse estágio cada discípulo, pela Misericórdia Divina, deve atingir 51% de sua purificação, as suas almas tornam a unir-se ao Espírito de Deus, conhecido como a Presença Divina Eu Sou. Em todas as épocas existiram homens que fizeram do ritual da reunião Divina a meta de suas vidas.

A busca do autoconhecimento foi para eles uma paixão absolutamente consumidora. Vencendo todos os obstáculos, traçaram o Caminho da Verdade. Avançaram pelos vales sombrios e sobre os escarpados cumes da vida para vencer as ilusões do eu menor. Com a vitória, deixaram uma afirmação irrefutável da capacidade humana de cumprir o seu destino cósmico. Contemplando o seu triunfo, nós afirmamos: "Aquilo que um homem fez, também outros podem fazer".

Os grandes avatares (iluminados) demonstram as leis, a matemática, as fórmulas e os princípios causais subjacentes ao mundo dos efeitos em que vivemos. Cumpriram uma missão crística e conquistaram assim a sua liberdade imortal (Ascensão).

Eles se tornaram Um com Presença Divina Eu Sou, já não vivem mais sua vontade como nós que usamos o livre-arbítrio, mas sim, já vivem a Vontade do Absoluto Deus Eu sou. Quem nos dera se todos pudéssemos viver já com a Vontade de Deus — como o Divino Mestre nos diz: "Pai, seja feita a Tua Vontade e não a Minha, porque Eu e Tu Somos Um. E tudo aquilo que Eu faço, realizo a Vontade do Pai 'Eu Sou'". Quando Jesus disse: "Eu sou o Caminho, a Verdade e a Vida", pois não era Ele que vivia neste corpo, mas sim o Cristo Eu Sou, que era absoluto Nele, assim, Ele ensinava os seus discípulos, dizendo: As obras que Eu faço podereis fazer maiores ainda".

Que isso seja um alerta para todos nós a fim de modificarmos a nossa forma de ser, para purificarmos nossos quatro corpos inferiores, principalmente o corpo emocional e o corpo mental, aquele que se magoa, que guarda rancor e dificulta que as lembranças possam ser suavizadas. Como hoje temos a consciência plena da causa e efeito, precisamos purificar e ter o controle dos nossos atos. Um exemplo disso foi o grande Mestre do século XX, Mahatma Gandhi. Quando os soldados britânicos batiam nele com fúria, caído no chão ferido, um padre britânico que assistia à cena indagou: "Você perdoa essas pessoas?", e ele respondeu: "Perdoar a quem, se ninguém me ofendeu? Podem até tirar minha vida, mas ninguém vai tirar o ideal da minha alma".

E assim vemos os nossos irmãos mais velhos, os Mestres Ascensionados trabalhando para que possamos atingir nossa ascensão, pois Eles não necessitam mais de estar aqui em nossos planos, mas pelo amor que têm por nós não quiseram prosseguir Sua evolução em outras esferas mais altas.

Esses Mestres são os santos e sábios de todas as épocas, reis-sacerdotes, videntes-profetas, filósofos-cientistas, que se destacaram em todos os campos de atividade e ascenderam de todos os continentes, e inúmeros fiéis desconhecidos que passaram com menção honrosa nos exames finais da escola terrena para as Universidades de Luz.

Hoje temos o conhecimento de que o carma é o resultado de todas as ações praticadas em vidas sucessivas. É uma bagagem que temos de eliminar, e isso pode ser feito de duas maneiras: à antiga, que se baseia em reviver ao inverso as situações, sofrendo o que se fez sofrer, a fim de compreendê-las e resgatar os males praticados; ou empregando a nova forma, que consiste em consumir pela Chama Violeta as energias mal qualificadas por nós, esta é a maior misericórdia concedida por Deus nesta Nova Era, queimando o nosso carma individual, o coletivo e o planetário, servindo à humanidade, ajudando a extinguir por meio desta Chama Violeta todos os resíduos cármicos. Diz-se que, "quando o discípulo está preparado, o mestre aparece". Talvez nós descubramos quem são os discípulos, e que têm estado a preparar-se para, no ponto das suas evoluções, estabelecerem laços diretos com um ou vários Mestres Ascensionados no Caminho de Regresso ao Lar.

Seguindo cuidadosamente os graus de iniciação que hoje são estabelecidos pelos Mestres Ascensionados para a senda da maestria pessoal, você poderá vencer o mundo e realizar as obras do Cristo na Terra. Poderemos nos aproximar da perfeição, porque se trata de uma meta válida no Universo. Sabemos que esta é uma Lei Cósmica, pois os Mestres para todos os homens não só a proclamaram, como também a demonstraram por seus exemplos, e esperam que possamos também auxiliar a humanidade ao nos tornarmos um dia Mestres Ascensionados. Que assim seja.

A Visão Divina do Homem

É uma exata, experimentada Verdade provada por todos nós, amados discípulos e irmãos, de que sobre as pedras construtivas de um passado nós nos elevamos aos mais altos empreendimentos. A vida do homem é uma constante mudança em seus pontos de vista; à medida que as experiências se sucedem umas às outras, parece como se elevasse de um plano ao outro em sua ascensão, pela encosta da montanha com o resultado de uma constante mudança de visão.

Reconhecemos que, para nós, são possíveis duas classes de visão: a do homem comum, que vive no mundo, e a dos Mestres e guias da humanidade, que são exemplos que devemos seguir. Inclinamo-nos a crer que essa elevada visão alcançada pelos Mestres é algo dado exclusivamente para Eles, mas não é assim. Eles, para atingirem o ponto onde estão hoje, batalharam e se entregaram à humanidade por meio do amor; uns levando a palavra de Deus, outros na medicina, na pedagogia, na psicologia, na arte, na música, na ciência e outros como governantes. E na caridade não importa qual a maneira, pois nós vivemos em níveis mais baixos, somos incapazes da visão divina, que é fazer a Vontade de Deus. Meditai nestas palavras do Divino Mestre Jesus: "Vinde a Mim todos os que estais curvados ao peso de trabalhos e cargas, Eu vos aliviarei". Percebam se Ele porventura estabelecia alguma distinção entre os que haviam e os que não haviam de ir a Ele: "Todos os que estais curvados ao peso de trabalhos e cargas". Todos são Seus irmãos e pousa o

Seu olhar sobre os homens para lhes dar Seu amor, pecadores ou santos, bons ou maus, jovens ou velhos, todos os homens são parte inseparável d'Ele mesmo. Amados discípulos, este é o exemplo para a vossa caminhada ao Mestrado. À visão do homem comum, tudo o que lhe favorece qualificamos de "bom"; tudo o que se trata de reduzir a sua expansão denominamos de "mau". Daí decorre que nossa visão de homem comum tenha um fundo de espírito de crítica para a qual não estamos capacitados. Eu na personalidade de William Shakespeare dizia: "Eu como se estivesse no cume do Olimpo, fitava os homens e observava as suas debilidades e loucura e, não obstante, sorria para elas. É o espírito da visão divina que fazia por Minhas as palavras na boca de uma das Minhas personagens; imaginai como Nós estaríamos caso Ele, que está no ápice do julgamento, nos julgasse pelo que Somos? Podeis observar que sempre introduzi em cena um vilão, nada sacia nele sua antipatia; chamava-se Cássio ou Iago, deixava-o viver sua vida e que se manifestasse tal qual era, trazendo para o seu julgamento uma conduta muito mais clara do que a conduta seguida pelo homem comum.

Amados discípulos, pensai nisso e a Misericórdia soprará para dentro de Nossos lábios, fazendo de Nós um novo homem.

A aceitação, pelos discípulos, dessa verdade e o uso prático desse conhecimento, lhes possibilitarão vivenciar uma alegria pessoal, quando, com toda a reverência e gratidão, obedecerem à Santa Vontade de Deus.

El Morya

Ensinamentos do Bem-Amado Paulo Veneziano

Amados discípulos, gostaria de explicar-vos o que sei sobre o Coração Divino. A tarefa não é fácil, pois não é possível, utilizando apenas palavras, fazer sua descrição com perfeita clareza. Mesmo assim, vou procurar incentivar o vosso interesse guiando-vos ao centro de vossa consciência, em que começa o curso da vida e, cada vez mais profundamente, ao Grande Silêncio no Sagrado Coração Divino deste Universo, de onde viemos ao entrar nesta vida.

Lá, em verdade, na meditação mais profunda, é vosso lar, onde existem segurança, proteção, compreensão, amor sem fronteiras e paz infinita. Lá existe uma luz acima da mais deslumbrante luz do Sol (segundo o vosso conceito) e, ao mesmo tempo, aquela luz é tão repousante como o é a do crepúsculo. Aqui no mundo físico presenciamos a quietude do Sol no firmamento, enquanto realiza a sua obrigação cósmica. Ao mesmo tempo, essa quietude contém a sonoridade da música mais harmoniosa. Ireis dizer que aqui estão unidas duas partes na modalidade perfeita, pois cada elemento tem dois pólos, por exemplo: silêncio e som, atividade e quietude. A humanidade, no entanto, criou neste mundo da forma outros contrastes, isto é, para o amor, o ódio; para o silêncio, o ruído!

Nesse Grande Coração Cósmico existe um reino maravilhoso! O Bem-Amado Saint Germain o define como o Grande, Grande Silêncio. Jesus referia-Se a ele como o Reino do Céu. Outros o denominam o Poder do Amor Divino. Qualquer que seja o nome que se lhe dê, esse reino é a última e a mais elevada meta de toda emanação de vida. Cada consciência do ser humano não ascensionado poderá nele viver assim que tiver conseguido o suficiente silêncio.

Quem conseguir penetrar no coração desse silêncio cósmico encontrará aqueles seres que puderam dominar com mestria o Seu próprio Eu externo. Lá também poderá ser o plano Divino preestabelecido para cada criatura; e, assim como Eu, nunca mais abandonará esse Reino. O silêncio atua de dentro para fora, do ponto central desse Coração, e permanece em completa paz. O vosso coração físico é uma réplica do Grande Coração Cósmico do Universo. Pela porta do coração tendes para o reino do silêncio. Ireis observar esse silêncio ampliar-se cada vez mais, e quanto mais vos dedicardes à conquista dessa paz interior, retornareis muito mais repousados e restaurados. Jamais as debandadas às praias, em busca do sol físico, poderão dar-lhes tanto alívio como uns instantes de meditação.

Bem-Amados filhos de Meu coração, eu vos suplico: entrai no Coração do Silêncio. Sabei, lá está a abundância para a vossa vida, saúde, alegria, felicidade e paz.

Paulo Veneziano

Os Retardatários Segundo Gênese

O Antigo Testamento, que simboliza a história de Adão e Eva, representa os milhões de retardatários conhecidos como a Raça Adâmica que foram expurgados de seu planeta, pertencente à terceira iniciação (terceira dimensão), avançaram numa grande propulsão cósmica e atingiram a iniciação para a Quarta Dimensão. Naquela época, a Terra era um planeta primário, e como só existiam espíritos coletivos (espíritos do reino animal), os espíritos individualizados retardatários daquele planeta foram expurgados para o nosso, e iniciaram suas reencarnações por meio de corpos de macacos. Isto pode até trazer espanto, mas hoje na ciência está comprovado pelos biólogos (Teoria da Seleção Natural de Charles Darwin) que os corpos físicos da humanidade são descendentes de macaco, e para os espíritos foi o maior sofrimento, pois eles não tinham condição nenhuma de se manifestar em palavras, pois a massa encefálica não podia manifestar a inteligência do espírito, e esse processo de evolução demorou oitocentos mil anos.

Hoje, quando estamos entrando na Nova Era Aquariana, temos que nos preparar, pois está ocorrendo com o nosso Planeta mudança semelhante àquela que ocorreu com a Raça Adâmica, pois hoje existem dez bilhões de espíritos que evoluem em nosso planeta, e só ficarão aqui na Terra as emanações de vida que estão em condições de viver na Quarta Iniciação (Quarta Dimensão). A grande Fraternidade Branca nos diz que esses indivíduos, que rebaixam a vibração da Terra, serão expurgados para um planeta primário. Calcula-se que são 3/4 do total, que seriam mais ou menos sete bilhões de emanações de vida.

Essa situação poderá ser evitada, com todo o amor e conhecimento que a Grande Fraternidade Branca está direcionando aos canais do mundo inteiro. Hoje, temos milhares de livros dos Mestres nos mostrando o verdadeiro caminho para a nossa ascensão. Se o espírito do povo terráqueo reagir, rechaçando as formas, pensamentos e sentimentos condenáveis, utilizando o poder do Fogo Violeta para queimar todos os carmas individuais, coletivos e planetário, atingiremos a Nova Era da Idade de Ouro.

Mestre do Cajado

Os Sete Corpos

Cada pessoa tem sete corpos. Os três superiores são:

1º Corpo Eletrônico;
2º Corpo Causal;
3º Sagrada Chama Trina (Cristo) do coração.

Estes corpos são perfeitos. Os quatro corpos inferiores, como dizem os monges tibetanos, representam uma carruagem, sendo que o corpo físico é o cavalo, o etéreo, a carruagem, o mental, o arreio, e o corpo emocional é o cocheiro. Este é o corpo com que devemos tomar o maior cuidado, pois é o que comanda todos os outros três e é por ele que mais pecamos, por meio de orgulho, vaidade, inveja, ódio e avareza. Se o cocheiro perder seu equilíbrio pode levar todos ao abismo.

O corpo emocional foi formado para expressar as virtudes divinas por intermédio dos sentimentos, em benefício das criaturas.

O corpo mental foi destinado a preservar o modelo perfeito que desejais manifestar. Este corpo é que cria as formas emanadas do corpo emocional, que as vivifica pelo sentimento, materializando-as no campo físico. O corpo etéreo, como se diz na ciência da psicologia, é o inconsciente que armazena todas, tanto as boas como as más. Se trouxeres as boas recordações, isto vos fará crescer, mas se trouxeres as más, infelicidade e mágoas, estas vos levarão a depressões e ansiedades, carregando-vos para o fundo do poço.

O corpo físico é comandado pelos outros três corpos e é o local onde são gravadas as imperfeições.

Por isso, Nós Mestres Ascensionados vos alertamos sobre o que devereis fazer, tendo disciplina principalmente com o corpo emocional, para que os outros corpos trabalhem em harmonia, pois pelos pensamentos, sentimentos, palavras e ações gerais um carma infeliz ou uma coroa de Luz para vossa Ascensão.

Eu Sou MESTRE LUZ
Ascensionado Saint Germain.

A Lei do Carma (causa e efeito)

..."E Divino Mestre Jesus disse: — "Pedro, guarda a espada, pois quem com a espada fere com a espada será ferido."

Na atualidade dizem os Monges budistas: "A semeadura é livre, mas a colheita é obrigatória" é onde está a grande verdade que hoje é conhecida como a "Lei do Carma". O homem, utilizando erroneamente seu livre-arbítrio, cria, na maioria das vezes, a herança do carma. Somente fazendo o bem contribuirá para a Ascensão de seu Corpo Causal. Com o mal, será um ônus para seus corpos inferiores.

O Grande Conselho Cármico permite a uma pessoa a quantidade suficiente de carma possível a resgatar na vida, pois dependerá do grau de desenvolvimento desse carma para transmutá-lo. Nunca a enfermidade e formas difíceis que vemos no dia-a-dia, no qual a emanação de vida esteja sendo submetida, vêm de uma só encarnação. É maior que a sua consciência desenvolvida; o poder e a força espiritual do indivíduo são os responsáveis pelo seu carma.

Esse é o motivo pelo qual a Lei do Perdão foi ensinada pelo Mestre Jesus Cristo à humanidade rebelde, para que ela utilize com amor a Lei do Ciclo, por meio da dor provocada pela energia que retorna a ela, ou em outras palavras, tudo que o homem emana de bom ou de ruim a si e aos outros retorna impreterivelmente a ele.

A utilização do Fogo Violeta poderá purificar e transmutar toda a energia negativa que criou o seu carma individual e o carma coletivo das massas, da família, das nações, raças e religiões e até o carma planetário, cujos ajustes são necessários. Essa é a maior misericórdia concedida por Deus nesta Nova Era.

Eu sou luz
Saint Germain

Shamballa

Ao falarmos hoje em Shamballa, falaremos como a Cidade Luz e o Grande Centro Espiritual da Iluminação do vosso Planeta.

Discípulos amados, vós tendes o privilégio de saber que esta cidade ainda existe, não no plano físico, que hoje são as areias do Deserto de Gobi, mas no plano etéreo, resplandecente de Puro Amor Divino, e vibra na Cidade Sagrada de Shamballa.

Quando o discípulo se prepara e é levado a esse Sacrossanto Templo, sente completamente a Presença do Amor. Ao adentrar nessa cidade, o discípulo fica pasmado com a beleza de suas cúpulas e zimbórios refletindo a luz das esferas mais elevadas. A visão interna consegue perceber nitidamente brilhantes luzes de cores, da forma do arco-íris cósmico, expandindo-se da atmosfera deste local a todas as direções, pois hoje é o grande transformador do Planeta, no qual recebe toda a Energia do Nosso Sol Hélios e Vesta e do Grande Sol Central Alfa e Ômega.

O discípulo com seus olhos espirituais se acostuma com a intensidade das luzes internas e da coroa de luz protetora do coração da cidade, um grande privilégio de contemplar na entrada do átrio o trono do Senhor do Mundo. Também enxergará exatamente como era, há milhões de anos, tal qual foi construída com a matéria-prima física.

Amados discípulos, todos vós que trabalham no campo espiritual são levados, conscientes ou inconscientes, antes de terminar o ciclo de 12 meses, para fazer vossas petições a pedido da humanidade, dos reinos elementais, animais e da natureza de todo o Planeta, a entregar a vossa colheita de vossos serviços prestados à vida no decorrer do ano. Alguns discípulos especiais levam missivas diretas ao Rei, outros esperam um decreto Seu ou uma ordem que os autoriza a servir os seus irmãos.

Seres maravilhosos recebem os discípulos e os levam a conhecer essa maravilhosa "Cidade-Luz". Na entrada, há um lago azul profundo de puríssimo fogo, que circunda a cidade sobre o qual vereis uma magnífica ponte, toda de mármore esculpido, que se constitui como um único assessor e arcos artísticos ligam, respectivamente, a "cidade da ponte" ao "continente etéreo". Na cidade, os templos com cúpulas de ouro, em seu conjunto, são gigantescas flores de lótus brancas, fosforescentes e suspensas na atmosfera. Percorremos uma lindíssima alameda que nos conduzia ao centro da ilha, onde são localizadas várias fontes em chafarizes, que impulsionam a água, a qual tem coloração maravilhosa de várias cores, como o arco-íris. Chegamos ao majestoso templo que fica edificado sobre uma elevação, subimos uma escadaria de mármore de uma beleza impressionante, que é intercalada a cada doze degraus por átrios gramados com enormes repuxos de águas cristalinas, que refletiam a luz solar, em que tínhamos uma visão com jardins repletos de flores multicoloridas. Ao passarmos, respiramos paz e beleza, semelhante ao antegozo do paraíso.

Nos lados existem floreiras em ouro, onde os peregrinos e discípulos ao ali passar, como por um encanto, avistam as flores que se transformam nas de suas preferências. Continuamos a percorrer o átrio e estamos em frente ao Templo principal, a sagrada residência do Senhor do Mundo, Sanat Kurama. Ao adentrarmos, vemos uma mesa ornamental e avistamos uma salva de ouro com uma jarra de tamanho incomum, contendo elixir celeste, que é oferecido a cada peregrino em cálices de cristal. Ao tomarmos o elixir, este nos reanima e nos revigora, e depois somos conduzidos ao encontro da audiência com o Senhor do Mundo.

Passado um tempo, abrem-se as portas da sala de audiências. Somos levados a seguir o nosso Mestre, entramos em frente ao trono, nos ajoelhamos, lançamos o nosso olhar a Ele e sentimos ser derramado sobre nós o Seu Amor, penetrando em cada átomo do nosso ser. Somos envolvidos em Sua Paz consoladora. Ele, sorrindo, cheio de amor e misericórdia, desprende o fogo divino abrasador, que desperta em nós o desejo intenso de viver o plano sagrado do amor. Isto nos faz reconhecer que Ele veio ao mundo para que nós possamos contemplar em Sua Pessoa a imagem de Deus, imitando-O e expressando a Vontade de Deus que nos criou como Seus filhos e a Sua semelhança.

Todos os peregrinos, neste momento, expressam esta oração: "Ó Grande Arquiteto do Universo, Vós que Sois Onipotente, Onisciente e Onipresente, o Eu Sou, perdoai-nos até agora pela escassa e limitada revelação divina. Ó Pai, agora que foi permitido ver, dai-nos também a força para vir a ser! Amém".

Assim fazemos reverência, dando Ação de Graças ao Senhor do Mundo, Ele que representa tudo aquilo que um dia deveremos ser.

Mensagem de Djwal Khul
Mestre Tibetano

Bem-amados, Eu com os Meus compatriotas de Vênus, os quais pertencemos a este Sistema Solar, deixamos o Nosso planeta de felicidade e nos exilamos quando viemos encarnar neste planeta Terra como auxiliares, a fim de levar o progresso a seus habitantes.

Não podeis imaginar que Nós nos limitamos ao fazer isso, pois ao nascer na Terra, Nós perdemos a "consciência de origem", que ocorre a todas as emanações de vida na sua recém-chegada. Isso também aconteceu a Nós, Seres de Vênus, quando encarnamos em vosso planeta: Nossas almas esqueceram-se do passado magnífico que tivemos, a Nossa recordação é cortada e nosso passado fica arquivado em nosso subconsciente.

A nossa consciência externa desconhece o motivo de estarmos aqui exilados. Sabemos que em Nossos corações arde o Fogo Divino, sentimos muitas vezes as recordações e muita saudade do Nosso planeta lar. É como um sonho, tudo por amor a este planeta. A terra estava retardando a evolução do Sistema Solar e por consequência de sua obstinada corrupção, não compensava mais o Universo da preciosa vibração vital que receberá na sua formação; já não emitia mais uma luz, nem vibrações de qualquer natureza, era na verdade um planeta morto e nas trevas, a harmonia de suas vibrações encontrava-se totalmente prejudicada pelas formas, pensamentos, sentimentos e ações tão conturbadas por seus habitantes.

Eu, Sanat Kumara, fui convidado a participar de um concílio do Grande Conselho Cósmico, juntamente com todos os representantes dos sóis do Universo. Era Eu o único representante do Planeta Vênus, pois neste concílio resolveram dissolver o planeta e reduzi-lo ao informe original de que fora composto, para que pudesse surgir uma nova criação que manifestasse a Vontade de Deus. Este pequeno mundo giratório que, em nossa galáxia, representa apenas uma partícula minúscula de pó, é tão insignificante, que na sua falta de cintilação (caso ele fosse extinto), nada seria notado, diante do esplendor do nosso Sistema Solar. Mas esse planeta representa o "Lar" planetário de 10 bilhões de encarnações de vida, que só poderiam obter a maestria se a Terra, o "berço da humanidade", continuasse a existir.

E eu, ao participar desse concílio, ao saber do projeto de dissolução da Terra, no qual foi resolvido libertar a substância primordial que formou o planeta e deixar que ela se dissolvesse, voltando ao informe original, uma vez que não mais irradiava harmonia e Luz, retornei a Vênus e fiquei examinando o caos que seria aos 10 bilhões de emanações de vida condenadas à orfandade planetária, se esse ato fosse conduzido. Eu, junto com o Meu Complemento Divino, Vênus, fui levado por Ela a Nosso jardim, e mostrava-Me um contorno de uma nuvem beijada pelo Sol, enquanto flutuava suavemente no espaço. Ouvíamos a água que brotava do coração da fonte, soando como música e precipitando-se sobre as pétalas dos lírios, mas estava preocupado, procurando encontrar uma solução, não querendo ainda dizer a Vênus que estava planejando servir voluntariamente a Terra.

Nesse momento, Vênus disse (meus pensamentos e sentimentos naturalmente não podiam ficar-Lhe ocultos): "Se teu desejo é salvar a Terra, então por que não vais? Sei que irá ser um grande sacrifício a Vós".

Foi um grande alívio para Mim ouvir essas palavras amáveis, pois quando se ama a outra criatura mais que a própria vida, a separação de milhares de séculos é um sacrifício, mesmo que isso represente a liberdade de muitos, e a serviço cósmico.

Parti, e ao chegar, dirigi Meu olhar à Chama Divina de cada emanação de vida, onde estava estampado o modelo perfeito, sentia que valia a pena acelerar o seu desenvolvimento com muito amor, paciência e luz. Logo em seguida, apresentei-Me ao Conselho Cósmico, constituído por Governadores Planetários. Sem exceção, todos mostravam-Se dispostos a vir preparar a Terra para Minha chegada, e ainda um Grupo, do qual foram escolhidos trinta seres, cujos nomes estarão gravados em Meu coração por toda a eternidade, que trabalhavam para Mim, construindo Shamballa para Minha permanência na Terra...

E essa notícia se espalhou em Nossa galáxia, e com isso vieram embaixadores e mensageiros da Luz, para dar assistência aos Nossos projetos. Com isso foram escolhidos 9 mil seres, os quais se ofereceram para vir auxiliar 3 mil seres e aceitaram a encarnação humana, o mesmo número no reino angélico e 3 mil optaram pelo reino da natureza, isto é, servir ao reino dévico.

De todos os seres que se prontificam a servir no reino humano, como protetores espirituais na Terra, mil alcançaram a completa liberdade, ascensionando. Os restantes dois mil foram escolhidos pelo Mestre Serapis Bey, e o Santo-Ser-Crístico de cada um deles aceitou assumir a proteção da Terra e suas conseqüências. Finalmente, quando

Shamballa foi intimada e a hora cósmica soou, preparei-Me para a despedida de Meu povo e de Minha Pátria, o belo Planeta Vênus, e livremente parti para um exílio, pois no Grande Conclave, Eles aceitaram a Minha petição, com uma condição: enquanto Eu não deixasse uma emanação de vida do planeta Terra em condição de ficar em Meu lugar, não poderia voltar ao meu Planeta Vênus, o que levou 18 milhões de anos.

A estrela, Meu símbolo espiritual, ergueu-se sobre o Planeta Vênus e os povos perceberam que um acontecimento muito importante estava prestes a suceder. Ao olhar a Terra, avistei os canais de Luz dos trinta seres que Me esperavam, e senti um prenúncio agradável, esse contato com o mundo, onde dali por diante Eu deveria ficar.

As trinta emanações de vida vieram voluntariamente de Vênus antes de Mim para o Planeta Terra, para acelerar a construção de uma residência apropriada para Minha morada. Esses maravilhosos seres aceitaram livremente a limitação cármica do nascimento humano, e essa duração foi de tempo indeterminado de milhares de anos. Mas antes de encarnarem na Terra, eles foram conduzidos à atmosfera superior deste planeta e permaneceram na oitava de luz, sob a amável e cuidadosa hospitalidade do Senhor do Segundo Raio, até que as condições propícias para as primeiras encarnações tivessem chegado, pois eles possuem uma vibração elevadíssima e são tão puros e perfeitos como a própria natureza. Foi muito difícil encontrar pais que proporcionassem corpos perfeitos para esses seres elevados. Foram escolhidas entre os habitantes da Terra as melhores emanações de vida, que eram levadas a comparecer perante o Conselho Cármico para um interrogatório, verificando-se se tinham as condições exigidas; então foi providenciado o encontro entre os futuros pais, com a finalidade de realizarem o matrimônio e assim ser proporcionado àquelas almas o nascimento aqui na Terra. Cada casal concebeu cinco filhos. Essas emanações de vida representavam a "Mão da Providência Divina" e seus descendentes se preparam para cada Minha vinda como Senhor do Amor, e até hoje Sou conhecido neste maravilhoso planeta como Senhor do Mundo.

Esses maravilhosos seres ficaram muitos séculos procurando descobrir a origem de suas existências divinas e recordar os votos que fizeram e seus prováveis destinos. Assim como os filhos da Terra, também eles foram atingidos pelo véu de Maya, que encobriu-lhes a lembrança de suas vidas no planeta de procedência.

Paulatinamente nasceu a "Cidade Luz", edificada com toda a substância original da Terra. Em sua construção foram empregados os melhores granitos, mármores, ouro puríssimo e jóias preciosas. Dos quatro pontos cardeais da Terra abençoada e reconhecida foram trazidas as mais belas flores e árvores frutíferas viçosas, com a gratidão desses peregrinos.

Esses seres atuavam na câmara oculta de seus corações, mantendo diante dos olhos a visão da Minha vinda. Foram muito difíceis os fluxos das marés que se sucediam, sem que ficassem concluídas as colunas da ponte de mármore que emergiam das águas azuis do lago a fim de ligarmos o continente à Ilha Branca. Isso aconteceu muitos séculos antes de aproximar-se Minha vinda. Antes de aparecer no firmamento a Estrela Polar de Lemúria, inúmeros descendentes de Nós venusianos (apesar de terem suas consciências nubladas), perceberam que a grande hora havia chegado!

Com o transcorrer do tempo, enquanto uma geração surgia e sucedia à outra, iam sendo transmitidos os conhecimentos relativos a essa misteriosa estrela que, sendo um símbolo, anunciava o grande acontecimento em função do qual eles trabalhavam abnegada e ininterruptamente.

Quando tudo estava preparado, quando a estrela alcançou o zênite, Eu, Sanat Kumara, acompanhado de Meu séquito, cheguei e fixei residência na Terra.

Mensagem de Sanat Kumara
O Salvador do Nosso Planeta

A construção de Shamballa

Amados discípulos, vejam o que é o verdadeiro amor e o desapego do Bem-Amado Sanat Kumara e os trinta Seres de Luz, que se propuseram abandonar o seu planeta de origem, onde só existe paz, harmonia, felicidade e perfeição, para aceitar a encarnação por mãos terrenas, viver e crescer numa atmosfera de vibração mais densa, junto aos seres que viviam totalmente nas trevas geradas por eles próprios.

Maravilhosos estes Seres de Luz, os venusianos, ao aceitarem esse desafio por amor e de prepararem uma moradia adequada ao Senhor do Mundo Sanat Kumara, para quando Ele descesse à Terra.

Seu Complemento Divino, a Lindíssima Vênus, morava em um palácio dos mais belos, juntamente com Meta e os outros Kumaras. Deste seu Lar, a Bem-Amada Vênus dirigia as atividades religiosas de Sua estrela. Os trinta Seres de Vênus que encarnaram neste planeta foram impregnados com a imagem de Shamballa em suas consciências e em seus corpos elétricos.

Depois de encarnarem por meio de mães terrenas, eles foram envolvidos pelo véu de Maya (véu do esquecimento) e foram ativados. Quando adultos, os campos intuitivos foram recordar o projeto daquela cidade. Primeiro, procuraram o local adequado para a construção da Cidade-Luz, destinada a ser a pátria de Sanat Kumara.

Tiveram muitas dificuldades, principalmente em arranjar o material adequado a ser empregado na construção e, tendo então no espírito uma visão fiel da obra, dar a forma adequada para executar manualmente os trabalhos de granito e mármore.

O local que foi escolhido, a oeste da Ásia, hoje é conhecido como Deserto de Gobi. Mas naquela época era um grande lago, onde no centro existia uma ilha verdejante encantadora, denominada "Ilha Branca". Apenas uma coisa foi exigida: manter sempre presente no espírito dos construtores da cidade, a visualização da obra em andamento, na qual foi construída, para durar por um tempo indeterminado.

Muitos desses seres venusianos nem sempre nasciam naquela metrópole que estava sendo construída. Alguns nasceram em locais, famílias e raças diferentes, sentiam-se diferentes, como estranhos; alguns atravessavam mares e continentes, impulsionados por uma força magnética que acreditavam ser um sonho, na esperança de encontrar outras pessoas harmoniosas e com afinidades espirituais semelhantes.

A construção dessa metrópole não foi fácil, pois havia hordas de vândalos e assaltos eram constantes. Desciam as colinas, arrasando obras, apesar das muralhas e fortificações que existiam, destruindo os futuros templos que estavam sendo erguidos com extremo cuidado e dedicação. Abatiam árvores frondosas e devastavam plantações, principalmente os jardins com flores, onde socavam com os pés e tiravam totalmente a vida, inclusive dos que trabalhavam abnegadamente com o maior carinho, para materializar o plano secular da construção de Shamballa.

Além disso, a Lei Cósmica não permitia que houvesse na Terra desperdício de energia, pois todos trabalhavam com afinco, mesmo que os vândalos atrasassem seus trabalhos, pois pesava para Eles um prazo determinado que era urgente e necessário à vinda de Sanat Kumara. Apesar de tudo, a cidade foi concluída para a Grande Chegada. O planeta se preparou para sua vinda no firmamento. Ele despediu-se da Bem-Amada Vênus, de Seu povo e de Seu planeta. No firmamento, a Estrela Polar de Lemúria anunciava a sua chegada, a vinda do Majestoso Regente, o Senhor Sanat, com mais três Kumaras. Acompanhado pela Sua Corte de Anjos e Mestres, com a elevação do teor vibratório, começava a iniciação do Planeta Terra. Da aura de Vênus ergueu-se a enorme Estrela de cinco pontas, que ficou pairando sobre aquele planeta.

Todos os venusianos se prepararam para receber o Grande Senhor, eles tinham conhecimento das atividades cósmicas do excelso Kumara, os seus corações estavam todos concentrados naquela hora máxima na Estrela, pois já tinha sido anunciado que apareceria esse astro.

Os majestosos e imponentes Kumaras, seguidos pela corte, derramavam Suas bênçãos sobre o Planeta Vênus. A Estrela afastava-se e os Senhores do Amor dirigiam-se à aura da Terra. Todos os habitantes de Vênus prosternaram-se cantando um hino de amor maravilhoso, envolvendo no manto do amor sagrado as formas que desapareceriam no firmamento, que se tornou tão triste pela sua despedida.

Ao se aproximar da Terra que era tão escura, que girava sobre seu eixo, foram avistados por trinta seres construtores da "Cidade da Ilha Branca". Eram como vaga-lumes no meio das trevas. Eles, muito emocionados, se prostraram de joelhos, felizes e agradecidos por terem terminado, no tempo previsto, o magnífico Templo destinado a receber o venerável Regente. Os Kumaras desceram com dignidade e, nesse instante, elevou-se no alto do Templo a Chama da Trindade, a manifestação de Deus neste planeta. Iniciou-se o longo trabalho do Senhor do Mundo para ativar nos corações humanos a luz espiritual — a Chama Trina — que manteria suas vidas. O primeiro dos Kumaras acendeu o Fogo Azul, que representa Deus Pai, o segundo, a Chama Dourada, que representa Deus Filho, e o terceiro, a Chama Rosa, que representa Deus Mãe, o Espírito Santo.

Naquele momento sagrado para a humanidade, Sanat Kumara penetrou na Chama Trina unindo três Chamas em um único foco de luz, no coração de cada emanação de vida pertencente à evolução da

Terra. Esse acontecimento pode ser comparado à ação de um fole gigantesco animando o Fogo Crístico no coração de toda a humanidade. Foi o primeiro passo para a nossa salvação. Ainda hoje se cultua Sanat Kumara como libertador das emanações de vida que são vinculadas ao nosso planeta.

Grande era a alegria quando esse glorioso Senhor do Mundo tocou a Terra. O planeta foi envolvido na Chama do Amor, era uma imensa aura rosada, em que todos sentiram em seus corações eflúvios de consolo, amor, paz e esperança. Todos os reinos foram envolvidos: no reino da natureza, as flores murchas reavivaram, ouvia-se novamente o gorjear dos pássaros, as crianças que eram tão tristes voltaram a brincar alegremente, divertindo-se com entusiasmo. Somente os trinta venusianos sabiam a causa dessa alegria, pois essa vibração era invisível e misteriosa para as emanações de vida deste planeta; somente os grandes seres aguardavam o Senhor do Mundo.

Amados discípulos, naquela ocasião começou na Terra a Era de Ação de Graças. O Fogo Sagrado projetou-se em Shamballa, os trinta seres venusianos ajoelharam-se, envolvidos e cheios de amor, abençoavam e agradeciam a vinda de Sanat Kumara e a partir desse dia o planeta começou a Era da Evolução, pois Sua força aumentava toda vez que as emanações de vida agradeciam os benefícios recebidos. Foi desta forma que o Bem-Amado Sanat Kumara e Sua comitiva vieram permanecer na Terra não somente alguns séculos, mas dezoito milhões de anos, impulsionados simplesmente pelo amor.

Meus amados, quando todos os humanos atingirem a ascensão e o manto de imortalidade — como seres livres e cheios de Luz — então podereis imaginar e compreender que tudo que Sanat Kumara fez pelo planeta e seus dez bilhões de emanações de vida, os discípulos deveriam ter feito há éons. Pois se Ele não tivesse feito, os seres humanos teriam passado pela segunda morte e não mais teriam uma consciência individual; seriam espíritos coletivos.

Nós não podemos deixar de refletir que se hoje a humanidade é individualizada com o Absoluto, a nossa imortalidade e a nossa evolução há éons de desenvolvimento foram mantidas pelo Ancião dos dias, Sanat Kumara, e só a Ele, unicamente, devemos ser totalmente agradecidos.

Quando contemplais, ao nascer do Sol, a natureza, os pássaros, a alegria de possuíres uma vida individualizada, é uma dádiva de

Sua paciência, de Seu trabalho e de Seu amor. Ele assumiu por Nós a responsabilidade perante a Vida Eterna e Divina.

O grande objetivo de Sanat Kumara e de todos que vieram com Ele foi gerar um centro de Luz em cada emanação de vida do vosso planeta, por isso são conhecidos como "Senhores da Chama da Imortalidade". Hoje temos que render ação de graças a Ele e a toda a Fraternidade Branca, a qual foi fundada por esse maravilhoso Ser, que aqui veio para transformar o ser humano num "Portador da Luz".

*Mensagem de Djwal Khul
Mestre Tibetano*

Iniciação da Grande Fraternidade Branca

Amados discípulos, o Grande Amor do Bem-Amado Sanat Kumara fez com que Ele criasse a Grande Fraternidade Branca. Ele buscou e encontrou as emanações de vida, originadas da união dos filhos da Terra, junto com os seus protetores espirituais, todos que estavam envolvidos nos carmas gerados por nós humanos. O Senhor Sanat Kumara, junto com seres venusianos, procurou levar o ensinamento para as emanações de vida que buscavam a sua modificação e a Luz. Eu e outras emanações de vida que nos propusemos a ligarmo-nos a Ele, nos planos internos, persuadindo a nos tornarmos portadores da Luz, para aproximá-la das consciências que pudessem e soubessem controlar as energias. E esse trabalho foi de muitos séculos até que Ele conseguisse encontrar duas emanações de vida que concordassem participar da Fraternidade.

Um deles foi o próprio Senhor Gautama, O Buda, que hoje é o Senhor do Mundo, o ápice da evolução humana. Eu também tive o privilégio, e o meu cargo hoje na Grande Hierarquia é denominado Diretor Divino, o Cristo Cósmico ou Instrutor do Mundo. Mas ao passar dos tempos, a Fraternidade foi crescendo de tal forma que foram preenchidos todos os cargos, pelas emanações de vida do nosso planeta já evoluído e outros seres que, por livre e espontânea vontade, resolveram permanecer no planeta e cooperar para o seu desenvolvimento.

Foi criada uma norma: que todos aqueles que pretendessem ingressar na Grande Fraternidade Branca seriam conduzidos à Minha Presença, a fim de serem admitidos na brilhante estrela de luz e nas bênçãos de Sanat Kumara.

A Iniciação é feita com uma cerimônia, na qual a emanação de vida, a sua consciência externa, se unifica ao corpo de Sanat Kumara por toda a eternidade, pois essa cerimônia só é realizada quando no coração do discípulo surgir a sua própria estrela individual, que provará à Fraternidade que ele está preparado para dedicar sua vida pessoal ao serviço divino.

Para Nós, principalmente para Sanat Kumara, não há maior alegria do que ver o discípulo colocar a estrela na sua aura, se tornando um representante da Luz, assumindo a grande responsabilidade do poder de transmutar e libertar o mundo das emoções, com o qual estará em contato, não pela sua vontade, mas pelo poder da Chama que existe em cada emanação de vida. A Fraternidade Branca tem a necessidade de estabelecer uma comunhão entre os Mestres Ascensionados e a consciência externa da humanidade, comandada por Sanat Kumara.

Amados discípulos, como a humanidade sempre usou a Energia do Pai erroneamente, por sentimento, palavra e ação, o próprio homem foi tecendo o véu do esquecimento, que levou a se separar da consciência da Presença Eu Sou, do reino angélico e dos Seres Cósmicos, deixando-o totalmente nas trevas. O Nosso trabalho, da Grande Fraternidade, é entrar em contato com o corpo mental daqueles que ainda possuem a lembrança da sua verdadeira herança divina, como o Mestre Jesus relatou na parábola do Filho Perdido, de voltarem ao seu verdadeiro plano, a conviver em íntima relação com os Mestres, anjos e seres elementais.

Discípulos, desde aquele tempo o Senhor Gautama e Eu, Maitreya, nos apresentamos a Sanat Kumara e fomos encarnando inúmeras vezes, com experiências de milhares de séculos, autodisciplina, perseverança, abnegação e maestria. E isso foi levado e apresentado ao Conselho Cármico para que as Nossas almas adquirissem a força suficiente e o grande Amor, tornando-Nos aptos a assumir cargos com responsabilidades cósmicas.

E como o trabalho de um Buda é manifestar, infundir e sustentar o Amor Divino e o Fogo Sagrado em cada emanação de vida, como outros seres que também prestam serviço ao Nosso Sol, Deus Hélios e Deusa Vesta, a Grande Veladora Silenciosa da Terra, a Bem-Amada Imaculata foi o primeiro ser que obteve o acesso ao Coração-Espírito-Vontade de Deus, no qual trabalha ao lado do atual Senhor do Mundo, o Senhor Gautama, pois este grandioso trabalho vai amadurecer e alcançar o desenvolvimento da alma humana. A função do Buda consiste em transmitir à Terra a essência e vibração do Reino Divino, para que cada emanação de vida não se sinta completamente separada daquele reino e a centelha divina continue presente neste planeta. Esse grandioso trabalho foi desempenhado durante muitos séculos pelo Grande Buda, o Senhor Gautama, até Ele receber o cargo de Senhor do Mundo, no ano novo de 1956. Sanat Kumara, que deixou Seu cargo a esta grandiosa emanação de vida do planeta Terra que atingiu o alto desenvolvimento de se tornar um Buda, regressou ao Seu planeta de origem, Vênus.

Amados discípulos, o Senhor do Mundo é o chefe supremo da Hierarquia Espiritual e é também a mais alta autoridade no campo de atividades transcendentes. Ele é a ponte das energias irradiadas pelo Cérebro Divino e serve, sob Sua responsabilidade de orientar, o Instrutor do Mundo e os Senhores do Conselho Cármico.

Instrutor do Mundo ou Cristo Cósmico (O Grande Dirigente): é Seu trabalho desenvolver as emanações de vida dos filhos da Terra e uni-los aos Raios do Buda, impulsionando assim a evolução deste planeta, fundando e criando religiões e doutrinas terrenas durante quatorze mil anos, aproximadamente, ensinando a todos os mensageiros, para que a palavra de Deus possa manifestar e atingir os centros espirituais de todas as classes e faixas da humanidade.

Meus caríssimos discípulos, Eu, Lord Maitreya, exerci por muito tempo a função de Instrutor do Mundo, enquanto o Senhor Gautama exercia como o Grande Buda. Mas depois que o Bem-Amado Sanat Kumara regressou a Vênus, o seu cargo como Senhor do Mundo foi ocupado pelo Senhor Gautama, e Eu recebi mais um grau, o posto de Buda, e para substituir as Minhas funções de Instrutor do Mundo ou Cristo Cósmico foram nomeados os Bem-Amados Kutumi e Jesus.

Mensagem do Lord Divino Maitreya

Senhor Gautama — o Senhor do Mundo

Amados discípulos, a última encarnação do Príncipe Sidarta (Gautama) foi há dois mil e quinhentos anos, na qual seu pai era um soberano hindu, e foi educado com muito amor e carinho, longe de saber da existência da miséria, da fome, das doenças e de todas desgraças que assolavam aquele povo. Mas com o tempo ele atingiu a maturidade e tornou-Se consciente da triste desolação do mundo em que vivia e de todo mal que a humanidade criou.

E com isso, desiludido pelo fato de ter vivido num mundo de riquezas e abundância, resoluto, abandonou tudo, riqueza, esposa, filhos e posição social e caiu pelo mundo, para buscar as explicações sobre todo o mal que Ele não conhecia, procurando uma resposta para as dúvidas que o afligiam. Buscou por sete anos essa resposta, percorrendo todos os caminhos que lhe fossem possíveis. Cansado da busca, sem sucesso para solucionar os problemas humanos, iniciou a busca por meio da interiorização, meditação e concentração; percorreu todos os planos e esferas alcançando a Iluminação e a Sabedoria.

Sidarta foi o primeiro a penetrar nas esferas mais elevadas, depois do caos gerado pelo reino humano, levando o véu que encobria a Presença Divina; véu esse que o homem comum pode levantar, tornou-Se um Mestre. Ele, que poderia viver na gloriosa esfera de Luz, por amor à humanidade, sujeitou-Se a permanecer em nosso meio, para nos ensinar as verdades fundamentais reveladas em Sua Iluminação. O Grande Gautama manifesta-Se em nosso meio em todos os festivais de Wesak, no Tibete, onde a Grande Fraternidade Branca prepara todo o local e entrega o cetro do poder do chefe da cerimônia ao Lord Maitreya. Todos os discípulos são levados a esse local consciente ou inconscientemente. São milhares vindos de todas as partes da Terra, pois no Ano-Novo de 1956, o Senhor Gautama assumiu o cargo de Sanat Kumara e para isso foi necessário que Sua aura adquirisse tal dimensão, na qual Ele envolve toda a natureza. Todos os discípulos que vão à cerimônia levarão a água e objetos de uso que serão consagrados por Ele.

Essa cerimônia é realizada ao ar livre, sobre um enorme vale, rodeado de montanhas, no plenilúnio do signo de Touro, na Lua Cheia do mês de maio. Por isso é chamada de Festa de Wesak, quando o vale fica totalmente claro com o luar. Quando tudo está preparado, o Senhor do Mundo Gautama aparece acima das montanhas com Seu corpo gigantesco, com suas pernas cruzadas, manifestando-Se e pairando no ar.

Nesse momento, Lord Maitreya, que representa o Buda em nosso planeta, nos diz: "O Senhor Gautama deu-Nos esta instrução sobre a Senda do Meio, que significa o equilíbrio da vida, que é o requisito para obter o mestrado e o domínio dos quatro corpos inferiores, o qual tereis que atingir".

E o Senhor Gautama nos diz: "Trago-vos a paz que há éons formou a Minha Aura. Se a quiserdes, ela poderá fazer parte de vosso mundo. Há muitos séculos, quando Eu ensinava na Índia, somente alguns monges empoeirados do pó das estradas que percorriam e uns poucos viajantes curiosos, manifestaram certo interesse pelos ensinamentos. Hoje, passados dois mil e quinhentos anos, quase todos os habitantes daquele país converteram-se à Minha doutrina e a veneram. Sei o que significa palmilhar os caminhos pedregosos da Terra e assistir à infelicidade dos homens. No meu desejo ardente de liberdade de consciência investiguei as sete esferas mais elevadas, vindo a descobrir então a Nobre Verdade da vida. E vi que, obedecendo à Lei que a rege, todas as condições dolorosas podem ser, futuramente, não só aliviadas ou evitadas, como completamente sanadas. Após ter conseguido o Meu objetivo de encontrar a Verdade, renunciei livremente a todos os direitos de permanecer nas esferas da bem-aventurança, que Me foram concedidas por Deus, e voltei à Terra, vivificando novamente o Meu corpo, que se encontrava quase inânime, pois havia sido negligenciado por todos aqueles anos.

Hoje, após dois mil e quinhentos anos, existem muitos templos que ainda conservam relíquias do budismo.

Como o Senhor do Mundo, devo ter muita humildade e gratidão e, ao mesmo tempo, nutrir o desejo de expandir cada vez mais o Amor Divino, até que todos os vossos esforços sejam coroados de perfeito êxito. Não serei talvez um Senhor do Mundo impressionante, ou que empolgue, mas em compensação, pretendo ser mais solícito e liberal.

O Meu Raio pessoal está em vossos corações. Ele vos transmite Meu amor, porquanto sois a esperança da Hierarquia Celeste para o trabalho de libertação dos povos e da própria Terra!"

E no fim do Cerimonial de Wesak, o Senhor do Mundo Gautama envolve e consagra a todos, abençoando e irradiando a Luz da Iluminação na aura de todos os participantes.

Mensagem de Djwal Khul
Mestre Tibetano

Lord Maitreya é o Buda

Meus amados discípulos, o Grande Lord Maitreya, o atual Diretor Divino, representava até pouco tempo o Santo-Ser-Crístico das emanações de vida não ascensionadas, o Senhor da vida, pelo Seu grande "momentum" e poder, para unir o Santo-Ser-Crístico de cada indivíduo com o seu ser externo. O amor que este Grande Diretor Divino presta à humanidade e a todas as emanações de vida encarnadas e desencarnadas para entrarem em contato com o Seu Santo-Ser-Crístico, levando todos aqueles que estão aptos a participar do maravilhoso ritual de amor, eu vos descrevo.

O Lord Maitreya leva o Santo-Ser-Crístico de todas as criaturas humanas a fundir-se em um só Ser, que se torna uma espiral de Chama Branca Cristalina, até o alto da colina. Sua veste é branca, ostentando um colar de flores alvas; o Diretor Divino penetra na espiral e vai elevando-Se, só com a primeira inalação, a uma altura de três mil metros acima da Terra.

A Grande Luz que emana desse Grande Ser irradia-se, penetrando a todos os presentes, sentindo-se atraídos a banhar-se intensamente nessa Energia do Amor Divino. Ao olharmos o Seu semblante divino e os lindos olhos cor de violeta, que expressam o amor abrasador, e seus cabelos resplandecem um efeito dos raios luminosos, vemos aos seus lados dois anjos que O acompanham, trajando túnicas brancas puríssimas e com cajados que ostentam a flor mística de Shamballa.

Nesse momento, a espiral vai sendo rodeada e envolvida por seres de Luz, então se ouve uma magnífica melodia, vinda do interior dessa espiral. Todos aspiram e abençoam, emanando de volta para a Terra. O grandioso Gautama e Sanat Kumara que participam juntos com os Seres de Luz nessa cerimônia inclinam-Se quando Lord Maitreya, o Diretor Divino, entra no círculo do Santo-Ser-Crístico global da raça humana, em reverência aos serviços prestados e à elevada posição do Cristo Cósmico.

O Santo-Ser-Crístico de toda a humanidade expande-se, pairando sobre os corpos físicos, em que a Chama há séculos se achava. Surgindo do meio da espiral como um Sol Dourado, o Lord Maitreya, que vai fazendo inalação, atrai em Seu coração emanando para baixo toda a Sua poderosa Chama do Cristo Cósmico para cada emanação de vida da raça humana, sendo distribuída a todos, uma vez que o Santo-Ser-Crístico individual dá atenção somente ao ser pelo qual é responsável.

Após a Terra ser envolvida pela Chama por alguns minutos, o Espírito Santo, do nosso planeta, Maha Chohan, aproxima-Se do ponto central, permanecendo ao lado do Diretor Divino e, neste momento, Ele chama Seus mensageiros que Lhe são subordinados, e instantaneamente aparecem milhares de pombas brancas, cada uma delas é abençoada pelo Espírito Santo e depois vão se dirigindo à aura do Santo-Ser-Crístico de cada emanação de vida. Essas pombas vão multiplicando os seus serviços, idêntico ao que ocorreu dois mil anos atrás, quando o Senhor Maitreya uniu a Sua própria consciência Crística à do Ser Divino do Mestre Jesus, confiando-Lhe a custódia de Seu "momentum cósmico" e Sua energia vital, para o Mestre empregar na Sua missão. Pois antes o Mestre fez um retiro no deserto por quarenta dias, fazendo jejum, e buscando por meio da interiorização o preparo de Sua grande missão, depois foi ao rio Jordão em busca do ministrado e percursor João Batista, do qual o Mestre recebeu o Espírito Santo e unificou Seu ser externo a Sua natureza Crística.

O Senhor Maitreya deseja e espera o fazer também pela humanidade, na Segunda vinda do Cristo, que ocorrerá quando cada discípulo, por meio de seu próprio Santo-Ser-Crístico, crie assim essa união do eu menor com a natureza divina.

Ao terminar a cerimônia, o corpo celestial começou a entoar um Louvor ao Coração do Criador, e todos sentiram-se envolvidos em paz, harmonia e permaneciam absorvendo aquela doce paz que surgia do fundo de seus corações. Essa cerimônia é realizada todos os anos para que a humanidade possa impulsionar para as oitavas de Luz, e que o discípulo possa sentir-se na presença de seu Santo-Ser-Crístico, a santa pomba branca da Paz.

Meus amados discípulos, a grande verdade é que a humanidade possa usar a energia divina, utilizar o que de mais valioso Deus nos concedeu: o livre-arbítrio. A Lei Cósmica tomou a iniciativa de não permitir que a energia divina transmitida pelos mestres, anjos e seres elementais seja utilizada para sustentar as tolices humanas. Pois nestes próximos anos, o homem que não buscar a sua união com o Santo-Ser-Crístico e servir à sua finalidade cósmica, será expurgado para um planeta primário chamado Orcólugos, de outro sistema solar, de vibração inferior ao nosso, e irá reiniciar sua evolu-

ção, com seu esforço de servir a Deus e ao homem, para mais tarde alcançar a perfeição. Futuramente, o livre-arbítrio da humanidade será anulado, para que o Santo-Ser-Crístico de cada um possa irromper pela personalidade, obrigando-a a realizar o Plano Divino, o qual tanto esperamos de vós. Enquanto estais encarnados, aproveitai para unir-vos ao vosso Santo-Ser-Crístico, como Nós da Grande Fraternidade Branca o conseguiremos.
Eu Sou Luz.

Mensagem de Djwal Khul
Mestre Tibetano

Sanat Kumara regressando a Vênus

Eu tive a grande honra e o privilégio de entregar a Sanat Kumara o ofício da Sua liberação cósmica do compromisso assumido. Isso foi no começo do ano de 1956, no mês de janeiro. Foi realizada a cerimônia de despedida em Shamballa, da qual toda a Grande Fraternidade Branca participou, e louvaram aquele que fundou esta Grande Fraternidade.

Nessa cerimônia, o Senhor Gautama, que se preparou há milhares de anos, aprimorando-se para assumir o maior cargo do nosso planeta, recebeu de Sanat Kumara a coroa que este tirou de sua cabeça e colocou na Sua, assumindo como Senhor do Mundo.

Logo em seguida, saudou e agradeceu a Deus por sua liberação, mas demonstrou o Seu grande desejo de continuar na Terra como Regente, até terminar o prazo estipulado pela Lei Cósmica.

Amados discípulos, o compromisso assumido do Senhor Gautama como Senhor do Mundo consiste em gerar luz suficiente para manter o nosso planeta no sistema solar. Já a atividade do Diretor Divino Lord Maitreya abrange várias cerimônias, sempre que isso seja possível. A cerimônia que Eu estou descrevendo representa uma Tríplice Atividade de requintada beleza.

O Senhor Gautama sustenta o amor, a paz e a iluminação; o Diretor Divino representa o coração e o cérebro da Fraternidade em todas as cerimônias concernentes a "Serviços Prestados". O Senhor Sanat Kumara exerce a Sua função de Chanceler e de Regente.

Amados discípulos, eu vos peço para unirem-se estritamente a esses três grandes Seres do Amor.

E levai esses ensinamentos desses Mestres, porque isso significa a paz, o amor, a harmonia e a liberdade para todos vós e a vitória da Luz no vosso planeta.
Eu Sou Luz.

Mensagem de El Morya

Conhecimento do Fogo Sagrado

Desde o início dos tempos o homem sempre invocou o poder do Fogo Sagrado, e dos seres de Luz, reivindicando os direitos adquiridos pela hospedagem concedida neste planeta aos "retardatários", mas pelo uso excessivo de invocações maléficas e o abuso dessa Energia Pura por magos e sacerdotes, que até hoje as usam, essas forças devastadoras ainda persistem.

Nós, da Grande Fraternidade Branca, suplicamos a Deus para que os nossos discípulos possam reparar os seus males e o caos pavoroso que se formou pelo mau uso que fizestes propositadamente do Fogo Sagrado.

Amados discípulos, vós não podeis imaginar que o Poder de Deus (Eu Sou) constitui-se de uma verdadeira Ciência que devereis estudar com método e cuidadosamente (a mensagem do Mestre Jesus, logo após Ele nos ensina a do coração). A Centelha Divina (ver na próxima página a Santíssima Trindade), que é a energia original da Presença Eu Sou de cada criatura, penetra na Chama Trina, que se localiza no centro do nosso coração, também conhecida como Santíssima Trindade. Ela manifesta a Chama Azul que é o poder e a força para executar em nome de Deus Pai; a Chama Dourada, que representa a sabedoria e a iluminação, para ser executada em nome de Deus Filho, que ilumina a mente externa quando se faz uso proveitoso dessa força; e a Chama Rosa, que representa a energia do amor, para ser executada em nome de Deus Mãe, que é o Espírito Santo, que proporciona as bênçãos de amor a todos os seres.

Caríssimos, quando utilizardes esses atributos, tereis que utilizá-los com todo o equilíbrio, semelhante triângulo eqüilátero que representa a forma da trindade.

Infelizmente, a humanidade tem utilizado as invocações que são dirigidas sem equilíbrio, que podem originar para alguns fanatismos religiosos depressões tanto para si como para os outros. Podeis prestar atenção na perturbação mundial, e esta é a razão de estudarem minuciosamente a ciência das invocações, que será muito importante. Estes ensinamentos, Nós da Grande Fraternidade Branca estamos vos trazendo, para divulgá-los em livros, para não ficarem restritos a um pequeno grupo, principalmente nesta hora de crise mundial avassaladora, assim poderemos dissolver o vosso carma individual, coletivo e planetário.

Eu Sou Luz.

Mensagem de El Morya

Mensagem e Ensinamento

A força do coração

Meus amados, infelizmente ainda nos dias de hoje muitos não compreenderam as invocações que Eu fazia a Deus Pai por meio do "Eu Sou". Eu ensinava aos Meus discípulos a utilizarem estes decretos: "Eu Sou a porta aberta que nenhum homem pode fechar", "Eu Sou o Caminho, a Verdade e a Vida", "Eu Sou a Ressurreição e a Vida", que Me levaram a atingir a Minha Ascensão. Eu invocava constantemente o poder da Divindade, o qual Eu abençoava a todos, invocando constantemente Divindade de Deus, o "Eu Sou", e nisso baseava-se Meu campo de proteção, pois tanto as forças negativas como as divinas respondem igualmente ao chamado da alma. Por isso, Eu sempre alertei Meus discípulos: "Não podeis servir a dois senhores".

Vejo que invocais e apelais a Nós da Fraternidade de uma forma que os poderes são alheios à Presença Divina Eu Sou; muitos são apanhados na rede de suas próprias criações.

Pois a humanidade foi dotada por Deus-Pai-Mãe com inestimável Força criadora, sustentada pelo ponto central localizado no coração e conhecido como a Chama Trina (o Santo-Ser-Crístico). Quando desenvolveres totalmente essa força que age em cada um de vós, no Cristo Interno, atingireis a perfeição e a maestria sobre todas as coisas, e sereis um Cristo em atividade. E Eu já havia vos dito: "As obras que Eu faço podereis fazer maiores ainda".

Não podeis esquecer que o Santo-Ser-Crístico habita no centro da Chama Tríplice, no Santo Graal do coração e Ele vos aguarda a cada momento, com a oportunidade de manifestar-Se e emanar os seus dons peculiares à Perfeição Divina. Esta é a finalidade do desenvolvimento planetário e universal. Foi promulgada a Ordem Cósmica que decretou a completa liberdade de expressão de todo Santo-Ser-Crístico. Pois a Grande Fraternidade Branca está contente com esse Edital Divino e recebe os apelos para possível assistência e de transformar o ser humano em um Senhor da Chama, pois esta é a decisão divina!

E hoje, Nós da Grande Fraternidade, vamos instruir cada um de vós, discípulos, de que maneira liberar esta força oculta, e assim conseguir o equilíbrio. Pois em geral vós sempre utilizastes em todas as vossas encarnações apenas um atributo dos três aspectos da Chama Trina: alguns possuem mais poder, outros, a sabedoria, e muitos outros, mais amor. São muito poucas as pessoas que têm em seus corações a Chama Tríplice totalmente equilibrada. E nesta Nova Era será estabelecida uma vibração nova para o perfeito equilíbrio dos quatro corpos inferiores (físico, etéreo, mental e emocional). De agora em diante, cada emanação de vida terá de estabelecer-se e examinar-se cuidadosamente, esforçando-se por desenvolver e difundir as virtudes da Chama Trina, o equilíbrio total, que até hoje negligenciaram e essa decisão da Lei Cósmica já estabelece que seja impedido o mau uso do livre-arbítrio.

Enquanto a humanidade não puser em prática os dons da Chama Trina, desenvolvendo-a, continuando a agir como pessoas que contentam-se apenas com o poder que já adquiriram, e desistem de desenvolver ainda mais, a sabedoria e o amor que lhe deixam de recuperar o tempo perdido, nem mesmo o poder total do mundo será capaz de liberar uma só criatura!

"Sabedoria adquiri-se exercitando o poder." O verdadeiro Mestre estimula os seus discípulos a praticar os ensinamentos que lhes ministra. À medida que os apliquem corretamente, hão de obter maiores conhecimentos.

Eu sempre ministrei o uso da Chama Trina com equilíbrio. "A Força, a Fé e a Vontade Divina", que Eu sempre fiz a Vontade do Pai. "A Iluminação e a Sabedoria", em que Eu mostrava por parábolas, para tornar mais fáceis os ensinamentos de Deus. E o "Amor", que Eu sempre dediquei a todos.

Amados discípulos, Eu vos peço que trilhem o caminho espiritual e vos ofereço a Minha invencível proteção contra todo erro, consciente ou inconsciente, que possam cometer no futuro. Invocai sempre à vossa individualizada Bem-Amada e Triunfante Presença "Eu Sou" e após acrescentai o Meu nome, como, por exemplo: "Em nome da minha própria e Bem-Amada Triunfante Presença 'Eu Sou e do Mestre Ascensionado Jesus Cristo, eu apelo..." Introduzi este Mantra em vossas vidas e sereis atendidos e protegidos.

Apelai pela força do Fogo Sagrado, que tanto necessitais, e abençoai a bem-amada Terra e Meu próprio Ser, e esta bênção será mantida por toda a eternidade.

Meus amados discípulos, durante a Minha missão no mundo, Eu também necessitava tanto de auxílio como vós necessitais hoje em dia. Mas em vós existe a tendência de agir impulsivamente, sem conceder-se o recolhimento necessário para refazer as energias na Fonte Cósmica. Pois um discípulo necessita de tempo disponível, de energia, de atenção e de colaboração, que se não existem, formam uma grande barreira que dificulta o progresso espiritual; porque ele não aprendeu ainda a acalmar a energia de seu próprio ser, de modo que possa ser provido de força e de fé por sua Presença "Eu Sou", e pelos Seres Divinos, que bondosamente o querem auxiliar. Sei disso por experiência própria.

Eu descrevi várias vezes que "subia a montanha" para meditar e orar. Nenhum discípulo receberá ajuda duradoura em seus trabalhos e desenvolverá a sua Chama Trina enquanto não observar a necessidade de arranjar tempo para as meditações e harmonização da Chama Tríplice, isto é, afastar-se do mundo sem ser perturbado e entrar no grande silêncio (seu Cristo Interno), a fim de atrair da Fonte Divina o bem, o equilíbrio e a força necessária para sua espiritualidade. Essas energias, qualificadas com harmonia, equilíbrio e dignidade, o discípulo com bondosa solicitude poderá redistribuir ao próximo.

Portanto, não deveis hesitar um só instante. Pedi a Nós, Mestres da Grande Fraternidade Branca, o auxílio indispensável que não considerem os erros que no passado cometestes, já que a esperança deste mundo é a bondade! Nada mais podemos fazer do que oferecer-vos o Nosso auxílio carinhoso, espontâneo e consolador. Está em vós aceitá-lo ou não.

Eu Sou Luz.

Mensagem do Mestre Jesus

Como dominar a nossa língua

Amados discípulos, o equilíbrio e a disciplina são as maiores forças para dominares vossa língua. Procurai não empregar palavras ásperas ou cultivar auto-recriminação, autodepreciação, nem useis qualquer palavra negativa ou apelos e orações incompletos. Vejam o exemplo do discípulo do século passado, Mahatma Gandhi, quando um guarda o espancou até desfalecer, perguntaram-lhe se ele perdoava aquela pessoa, ao recobrar a consciência Gandhi respondeu: "Perdoar a quem, se ninguém me ofendeu?"

Ele sabia que as palavras transformavam-se em ações.

Houve uma época distante, aqui na Terra, em que eram impostos castigos severos aos magos e sacerdotes da Ordem Branca que empregassem alguma palavra negativa! Prestai atenção ao que falais.

Vigiai sempre vossas palavras. Se tiverdes dificuldades, apelai ao Arcanjo Rafael e pedi que benza vossa língua. Peça perdão nem que seja apenas por uma palavra inconveniente que proferistes e que impediu de multiplicar a perfeição. Dizei: "Pai, perdoai-me por ter abusado de Vossa Santa Energia Vital, por meio de palavras descuidadas, ásperas, indelicadas, intolerantes, inconvenientes e irrefletidas. Eu vos agradeço pelo Dom da minha voz, de minhas cordas vocais e pela minha língua. Permita que ela expresse somente harmonia e perfeição".

Ensinamento do Mestre Ascensionado Saint Germain

A força do Grande Silêncio

Meus amados discípulos, antes de entrares na Chama Viva de vosso coração, entrai primeiramente no "Grande Silêncio", seu Cristo interno, aí Ele vos ensinará tudo o que desejais. Não deveis ser loquazes ao começar a meditação ou concentração, nem ao fazer pedidos, afirmações e mantras; permanecei no Grande Silêncio, que é o Coração Divino, numa atitude calma, atenta e alegre. Deixai que ela vos instrua sobre toda essa multiplicidade de coisas.

Dou-vos um exemplo que Me aconteceu antes da Minha Ascensão. O Grande Diretor Divino, Saithru, o Meu Instrutor, certa vez apresentou-Me um exercício: atuar num campo de batalha. Eu pensei que não poderia realizá-lo, mas mesmo assim Me prontifiquei de no mínimo tentar. Então materializou-se em Minha volta, de forma poderosa, a força do silêncio. Essa força realmente repelia qualquer entidade que tentasse subjugar-Me ou derrubar-Me. Foi uma grande experiência para Mim, que obtive resultado maior que os anteriores. Depois desse teste, o Meu progresso foi muito mais acelerado.

O Bem-Amado Maha Chohan escreveu a respeito do Reino Interior do Silêncio, na mensagem abaixo descrita.
Eu Sou Luz.

Ensinamento do Mestre Ascensionado Saint Germain

A Alma

A alma foi gerada pela rebeldia e pelo mau uso do sentimento e do pensamento, e estas transgressões pelo homem separaram-na da consciência da pureza divina. O Espírito Universal assim chamado na constituição sentenária do homem. A alma é a parte imortal do homem que se reencarna nos reinos inferiores e progride gradualmente por eles até o homem e depois até a meta final. A vossa alma não só existe enquanto estais encarnados, ela permanecerá até ser transformada pela Chama Crística de vossos corações, até se tornar livres em Cristo. A Centelha Divina, no Eu Sou, ainda que seja uma em essência, penetra em todos os planos e regiões do ser e se encarna em todas as formas e ao percorrer os arcos ascendente e descendente (evolução e involução) por este motivo se designa pelo nome Alma.

Por isso deveis aprender, que deveis desfazer com urgência com o poder do Fogo Violeta, o carma de todas as encarnações passadas pelo mau uso que fizeste, e das personalidades que criaste em cada encarnação, além de que a natureza da alma seja determinada pela maneira como procedeu durante séculos, o carma traz de volta a influência da roupagem etérica da individualidade todas as vezes que reencarna.

Discípulos que buscai o conhecimento e a iluminação, somente quando vos entregares totalmente à vossa Divina Presença " EU SOU" dando total autoridade à vossa vida original, e colocar como norma a conduta que permita que o Espírito Divino do homem possa revelar a perfeição, aí sereis reintegrados na consciência da Divina Presença EU SOU, dominando os vossos corpos físico (Alma), etéreo, mental e emocional. Não registrareis mais as impressões das outras pessoas, das condições infelizes que suportam, como enfermidades e miséria. Foi o mau uso da energia divina que a humanidade fez que causou a queda da Terra, trazendo a contaminação das impurezas no caráter e tristeza, males que trouxeram fardos para a própria Alma.

Ensinamento do Mestre do Cajado

O que é um Manu?

Os Manus são Seres Divinos que foram nomeados responsáveis pela evolução das sete raças-raízes e suas sete sub-raças. Os sete Manus são patronos ou guardiões. A cada um é destinado o ciclo de 2.000 anos e responde por determinado número de Seres Espirituais, desde o momento em que este surge dos corações dos Deuses-Pais, preparando-os para as futuras encarnações e trabalhos. O Manu representa o Plano Divino, a cada Manu, e todos que pertencem a Ele deverão encarnar no Planeta durante os quatorze mil anos para que eles possam atingir a Maestria. Os três primeiros Manus iniciaram suas missões em nosso Planeta, acompanhados das emanações de vida, que estavam debaixo de suas responsabilidades e eles conseguiram terminar os seus aprendizados no tempo previsto.

O Deus Himalaya é o Manu da quarta raça-raiz e suas sete sub-raças, a maioria dessas emanações de vida ainda continua aqui, apesar de transcorridos milhares de anos de sua vinda, quando já deveriam ter concluído a sua permanência em nosso plano e regressado ao lar. Quase todos esses seres surgiram na mesma ocasião em que os retardatários foram aceitos aqui na Terra.

O Manu da quinta raça-raiz é o grande poderoso Vaivasvata. Seu dever é desenvolver e salvar todos aqueles seres pelos quais Ele é responsável. Ao Deus Meru compete levar a salvação da sexta raça-raiz e suas sete sub-raças, nas quais são poucos os que ainda encarnaram. O Seu Templo está na América do Sul, nas proximidades do lago Titicaca, sendo um dos mais antigos Focos de Luz.

A sétima raça-raiz é comandada e está sob a proteção do majestoso Saithru, também conhecido como o Grande Director Divino. Pela superpopulação em vosso Planeta, essas Emanações de Vida não têm permissão ainda de encarnar aqui enquanto as Emanações de Vida da quarta e quinta raças-raiz não atingirem a sua ascensão para que a última raça-raiz possa estabelecer aqui a Era da Liberdade. Esses grandiosos seres, por terem permanecido milhares de anos nas oitavas de Luz, por causa do retardamento da Quarta e Quinta raças-raiz em nosso planeta, desenvolveram uma luz imensa, muita iluminação e muito amor quando irão beneficiar o Planeta Terra, em sua vinda que ocorrerá no continente sul-americano.

Um Manu é um Ser Perfeito, o qual tem a grande responsabilidade das emanações de vida que irão encarnar aqui na Terra, passando pelas sete esferas internas. Este é um trabalho lento, para cada indivíduo que vai construindo seu corpo causal, criando as faixas de luz em seu corpo que são sete.

À medida que o ser humano vai trabalhando nas várias faixas (raios), aquela pela qual vai determinar o predomínio de uma virtude, seja essa virtude da força, ou sabedoria, ou amor. Enfim, a faixa maior em seu corpo causal mostra qual o seu *momentum* mais forte.

Ensinamento do Mestre Djwal Khul

As palavras e os pensamentos não são Deus

Repetir afirmações, ou pensar em Deus, não trará a experiência de Deus. Por exemplo, podeis pensar sobre a música durante toda a vida e não saber tirar uma simples nota. Pensar sobre a música não vos converterá num musicista. De uma ou de outra maneira, tereis que atingir uma consciência musical por meio do estudo e da prática.

Assim também as palavras que pronunciais e os vossos pensamentos sobre Deus permanecerão como um exercício puramente mental e não se revelarão em vossa vida diária até que tenha sentido o Pai internamente, dentro do próprio ser a convicção de Sua Paz, Sua Graça e Sua Presença. Quando a convicção chegar até vós, será tão sacrossanta que não falareis sobre ela. Compartilhá-la-eis somente com aqueles que desejam conhecer Deus acertadamente. Repetidamente retornareis à vossa comunhão íntima e, um belo dia, ela descerá sobre vós a ponto de nunca mais necessitardes de ir para qualquer outra parte que não seja para dentro de vós mesmos. Quando lá estiveres, encontrareis o Pai, talvez não no primeiro dia, primeiro mês ou primeiro ano. A minha própria busca levou muitos e muitos anos antes de lograr a realização desta Presença Interna. Quem poderá dizer quanto tempo levareis para ultrapassar a vossa maneira pensante sobre Deus, até conseguirdes a própria Experiência? Todos temos a nossa consciência moldada diferentemente.

Tem havido pessoas que devotaram toda a vida pensando sobre Deus. Levaram toda a vida com a Bíblia nas mãos. Não se aproximaram, entretanto, nem um bilhão de milhas perto de Deus. Possuíam somente palavras em suas mentes e essas palavras não são, nem nunca serão, Deus.

Não existem palavras, dentro da mente, que possam algum dia se converter em Deus, nem mesmo a palavra de Deus, ou a palavra "Cristo".

Posso vos afirmar que Deus não é uma palavra. Cristo não é uma palavra. Deus é uma experiência. Cristo é uma experiência. Poderei sentir Deus e podeis sentir o Cristo, mas nunca podereis conhecer, tanto Deus como o Cristo, com vossa mente. Como Deus não pode ser conhecido por meio da mente, tereis de cessar pensando sobre Ele. O pensamento sobre Deus não vos trará o conhecimento de Deus.

Se, como algumas vezes pode acontecer, alguma figura aparecer em vossa mente, que tenha semelhança com aquela que vos pareça ser a de Jesus, isto não é Cristo. Seria uma imagem em vossa mente. Mas como esta figura foi meramente induzida emocionalmente, poderá indicar que estivésseis passando por alguma experiência crística. Não há dúvida que muitas pessoas induzem quadros pictóricos emocionalmente. Existem na Europa pessoas que todos os anos apresentam em seu corpo os estigmas de pregos, idênticos aos do Mestre, que erroneamente são tidas como místicas. Em muitos casos não passam de neuróticos emocionais e tudo o que fazem é viver com o quadro mental da Paixão que, eventualmente, se exterioriza. Também poderíeis fazer a mesma coisa se vos sujeitásseis a despender o número de anos necessários integrando-vos num estado emocional que tivesse por base a Paixão.

Na verdade, podeis trazer para o corpo qualquer coisa que desejais, bastando determinar-vos a viver internamente o tempo suficiente, sentindo-a. Podereis exteriorizar uma pureza absoluta quando nenhuma sugestão impura entrar em vossa mente. Com pensamentos sensuais, podereis tornar o vosso corpo tão lascivo a ponto de construir um pecado e deixá-lo solto pela rua. Tudo o que puseres na mente, em qualquer grau de intensidade, manifestar-se á.

Existe força na mente humana no nível tridimensional. Atuar nos planos físico, etéreo, mental e emocional.

Persistentemente, com bons pensamentos (corretos, amorosos, caritativos) atingireis certo progresso em relação à alteração de vossa natureza e caráter. Por outro lado, se permitirdes à mente ir para o lado obsceno, destrutivo e carnal, não há dúvida de que dentro de poucos meses tendereis a vos converter nisso, transparecendo até em vossa fisionomia, porque aquilo que sois mentalmente começará a se expressar no rosto.

Na vida tridimensional, que é mente e matéria, tendes uma escolha: podereis usar a mente para o bem ou para mal, porque ela não é uma força, mas um instrumento. É o indivíduo que utilizará a mente para o bem ou para o mal, por meio dos bons ou maus pensamentos, construtivos ou destrutivos. Nunca a mente é a força, mas o indivíduo é quem escolhe se pretende ser bom ou mau e se utilizará a mente para o bem ou para o mal.

Podeis ter conhecido doença, carência, dor e desenganos. Porque, também, não esperar as boas coisas da vida? Por que não podereis esperar a eliminação desses males e a manifestação do Bem? A despeito de tudo, a ligação de unidade sempre constituía verdade sobre vós. Simplesmente não tivestes a consciência dessa unidade, não possuístes a confirmação interna, não tivestes um contato com a Fonte de todo o Bem.

Primeiro Raio — Azul

Força — Poder — Decisão — Vontade Divina

O Mestre Ascensionado El Morya é o Diretor do primeiro Raio — Raio Azul que incorpora em Si o Pensamento e a Vontade Divina do Coração e Espírito de Deus, transmitindo-os aos Seus colaboradores das oitavas de luz e também dos não-ascensionados. Ele representa a força motriz e guia de novas idéias, que exige muita dedicação, porque as inovações que são trazidas para o vosso planeta são, na maioria das vezes, rejeitadas pela massa humana. Os Mestres Ascensionados El Morya e Kuthumi criaram o movimento espiritualista fundando a Escola Teosófica, trazendo para o Ocidente o conhecimento e Sabedoria dos Mestres Ascensionados e da Grande Fraternidade Branca, e a natureza de Seu trabalho.

Os irmãos do primeiro Raio são corajosos, dedicados e fortes para opinar sobre novas doutrinas, pois a maioria das pessoas não aceita as novas idéias e o novo modo de vida, sempre se mantendo na retaguarda até que estejam bem divulgadas. Quando na Terra reinava a perfeição dos Mestres Ascensionados e os Anjos caminhavam ao lado dos homens, todos viviam em paz, harmonia e no amor, e isso terminou quando o homem começou a usar a Energia de Deus para o mal, criando o ódio, mágoas, inveja, tornando-se avarento e com isso formou em torno de si um Véu de Maya, excluindo-se da orientação e conselho direto daqueles Seres de Luz. Foi como se uma neblina intercaptasse a comunicação consciente entre eles.

Discípulos, a Grande Fraternidade Branca está trabalhando para reverter esse quadro apresentado, para que toda a criação humana seja libertada do Véu de Maya, e assim os Mestres Ascensionados possam novamente conviver lado a lado com o homem. Mas para isso é necessário que a humanidade possa pôr em prática os ensinamentos e fundamentos dos Mestres Ascensionados que antes só eram transmitidos a uns poucos que tinham permissão de recebê-los nos Santuários.

No ano de 1951 foi promulgado um Decreto Cósmico, baseado na modificação que irá ocorrer em nosso planeta: a Terra deverá irradiar mais luz, para manter-se no sistema solar, e isto deverá acontecer até o fim do século! É necessário criaturas fortes, leais, capazes de captarem e transmitirem suas idéias aos planos com relação aos homens. Com isso foram fundados vários núcleos: a Summit University, Grupo Avatárico, Ponte Para a Liberdade, Fraternidade, Paz Universal e outros trazendo os ensinamentos esotéricos das Legiões de Luz.

Esses conhecimentos foram redigidos de forma que cada lar se transforme num Foco de Luz, onde cada vez mais esses irmãos terão de estar cientes da finalidade dos encontros, então os efeitos benéficos da irradiação sobre a humanidade podem ser ilimitados. Depois da criação da Grande Fraternidade Branca, Eles, os Mestres, reúnem-se durante trinta dias no santuário de um dos Mestres Ascensionados para manifestar certos atributos divinos e irradiá-los para auxiliar todas as emanações de vida, por isso o iniciante ao discipulado deve buscar nos espaços e santuários da Grande Fraternidade Branca esses conhecimentos, participar das cerimônias nos quais é invocado o Templo que está aberto naquele período de trinta dias e o Hierofante do templo, e seus atributos, aprendendo a irradiá-los sobre o Planeta, e também pondo em prática em seus lares para que cada lar se torne um Foco de Luz dos Mestres Ascensionados.

Assim, os discípulos poderão atrair para si, já de uma forma consciente, os atributos e energias justamente agora, quando é tão necessário para que desta forma eles, os Mestres Ascensionados, possam construir um firme Elo entre o reino celeste e a Terra, pelo qual fluam luz e amor para a humanidade. O discípulo tem que estar consciente que dele partirá a iniciativa do pedido, porque a Lei Cósmica decreta que os Mestres Ascensionados não intervenham sem ser solicitados. Mas quando solicitados, a energia da prece será reforçada e voltará à Terra para auxiliar os suplicantes.

Os discípulos conscientizados cooperam para a libertação da humanidade e de sua Própria Libertação, esta é a Lei, cabe a cada um de vós se esforçar para depois serem merecedores dos benefícios que a Grande Fraternidade Branca concede, mas o que mais acontece quando tudo está a contento, é que o discípulo esquece de Deus e da Fraternidade, mas quando sofre espiritualmente fisicamente ou moralmente é que se lembra de Deus, é como um grande ditado: "O homem busca Deus mais pela dor que por amor". Se alguém um dia fizesse com sinceridade a pergunta: "Que foi que realizei, ou o que ofereci a Deus, com os dons que recebi?", aquilo que tivesse feito receberia de volta multiplicado, numa clara demonstração da bondade divina.

Não podeis esquecer que Nós, os Mestres Ascensionados, somos seus irmãos mais velhos, e além de termos um profundo respeito por vós, amamos vos servir, é só nos pedir, (por isso não deveis temer a Deus, mas sim amá-lo). Tudo o que fazemos por vós é no sentido de ajudá-los para que possais aplicar o amor e a fraternidade das leis da vida. Quando a verdade e a sabedoria são expostas para a iluminação dos discípulos, ocorre muitas vezes que alguns se negam a divulgá-las, não sabendo da responsabilidade que Nós colocamos em vossas mãos, o conhecimento oferecido.

O Mestre Ascensionado El Morya: O Seu Santuário é em Darjeeling, na Índia. Ele é o representante da Vontade Divina, Sua cor é o Raio Azul e Sua música-chave: "Pomp and Circunstance", de Elgar. Nas encarnações passadas ele foi Melchior, um dos três Reis Magos do Oriente; depois veio como Rei Arthur, que criou a Távola Redonda do Santo Graal, e depois como estadista e humanista inglês Iomas Morus, e sua última encarnação foi o célebre poeta e prosador Thomas Moore.

Ensinamento do Mestre Djwal Khul

Amados Discípulos saúdo-vos e abençôo-vos com amor, luz, liberdade, esperança, coragem, força, energia vital com o Fogo de Darjeeling aos filhos da Terra, dos reinos elemental e angélico, aos Seres Cósmicos, Mestres Ascensionados e a todos que dirigem sua atenção ao coração da Índia. (Como que ao abrirem a porta de sua consciência à força da Vontade Divina dos Grandes Seres.)

Aos discípulos e irmãos de toda parte, Eu afirmo, isto é o "fiat" do Coração da Criação que se manifesta pela Vontade de Deus em vossa vida, em vossos esforços e mentes. Pronuncio estas palavras ao mundo mental e sentimental de toda a Terra, à massa de gemidos desta estrela em treval, ao envoltório de sombras de cada filho de reino das maravilhas; porque as criaturas — esquecendo sua filiação divina — deixaram de conquistar o mestrado.

A Vontade de Deus é o amor.

A Vontade de Deus quer a criatura livre.

A Vontade de Deus quer ajustar o eixo da Terra e assim restabelecer o equilíbrio do clima.

A Vontade de Deus quer que toda pessoa, por si própria, obtenha o suprimento de suas necessidades diárias.

A Vontade de Deus quer que desapareçam as doenças, mortes, limitações de toda sorte e o desequilíbrio da mente e do corpo; quer que desapareçam a indisciplina, a impureza e a grosseria; e que novamente brilhe a luz fundamental; quer que a Terra ostente, outra vez, as cores claras e brilhantes, a beleza que possuía ao ser concluída pelos Elohim.

A Vontade de Deus quer que não haja mais Véu de Maya entre Ele e os homens; e que os Anjos, os Elementais, os Humanos e todos os Seres Divinos possam conviver livremente na Terra, em perfeita harmonia.

Isto é a Vontade de Deus, que o coxo seja curado, o fraco recupere o vigor, o doente recobre a saúde e todos reencontrem o Equilíbrio. E que todos penetrem no retiro oculto de seus corações e contemplem sua própria Divindade, face a face. Cada ser humano deve ficar tão entrelaçado com a Luz Divina que a sua própria forma reflita a grandeza e a perfeição que lhe foram concedidas no início da Criação. Que a Vontade de Deus penetre com tal intensidade na consciência dos homens que eles não mais tateiem nas trevas ao seu redor; que as limitações não mais sejam consideradas conseqüências de causas externas.

Quem quiser auxiliar os seres não ascensionados deverá dedicar-lhes três vezes por dia estas poderosas afirmações, se possível em voz alta, tornando-se, expontaneamente, o "Eu Sou" em ação.

Eu sou a Vontade de Deus na Luz.

Eu sou a Vontade de Deus no Bem.
Eu sou a Vontade de Deus na Paz.
Eu sou a Vontade de Deus na Bem-Aventurança.
Eu sou a Vontade de Deus na Pureza.
Eu sou a Vontade de Deus no Equilíbrio.
Eu sou a Vontade de Deus na Bondade.

Amados Discípulos, assisti durante muitos séculos a humanidade ignorar a verdade sobre a Vontade de Deus, conformar-se com as vicissitudes... Isto deve cessar! A própria vida representa o poder da maestria; e na Minha total provedora força cósmica, a eficácia de sua realização é a certeza e a fé neste conteúdo de vontade.

Mensagem do Bem-Amado El Morya

"Pedi algo, e ser-te-á concedido!"

Todos os homens e mulheres criam a cada momento o seu próprio futuro. Existem hoje, encarnadas na Terra, perto de cinco bilhões e meio de pessoas, e existem dez bilhões de emanações de vida que utilizam a Terra como o campo de reaprendizagem. Cada emanação de vida pertence a um dos Sete Raios e todo indivíduo possui, em seu âmago, uma correlação com as tendências, características e aptidões daqueles que pertencem ao mesmo Raio. Exemplo: as pessoas do Segundo Raio são geralmente cientistas, arquitetos, professores. Terceiro Raio são pessoas que trabalham pelas comunidades, estão sempre prontas a auxiliar, têm como princípio a fraternidade e o amor. Quarto Raio são aqueles que têm a pureza de coração, geralmente os artistas plásticos, músicos. Quinto Raio, geralmente os médicos, dentistas, veterinários, enfermeiros, fisioterapeutas e também pessoas que têm como maior princípio a verdade. Sexto Raio são geralmente os pacificadores, conselheiros, que gostam de trabalhar pela união. Já os do Primeiro Raio são mais fáceis de reconhecer do que os de outros Raios. Em geral, possuem energia ilimitada e são pessoas de ação: líderes natos, gostam de criar e construir e, entre eles, são poucos os que acham desagradável a pressão da força deste Raio.

A vida é uma dádiva de Deus e atua continuamente no sentido de realizar os desejos do homem, expressos ou não. Todas as pessoas desenvolvem, ao longo dos tempos, diversos talentos e virtudes, que constituem seu tesouro, os quais tendem para determinado Raio. Em razão da natureza familiar de suas vibrações, essas criaturas sentem grande regozijo e felicidade quando podem reunir-se entre si.

Amados discípulos, convencido de que homens e mulheres íntegros desejam superar a escravidão que impuseram a si mesmos, busquem agora a característica de seu Raio e utilizem os seus atributos para com seus semelhantes. Libertem-se de deprimentes características do pensar e do sentir humanos, que há muito suportam mas de que ainda não se livraram. Eu vos ofereço estes apelos e afirmações que vós podereis, por sua vez, produzir os frutos duma nova vida, uma colheita pessoal de harmonia e abundância que, uma vez por vós invocada, se manifestará rapidamente pelo crescimento individual e pela expansão do Fogo Sagrado de Deus.

Dedicatória e instrução do Mestre Ascensionado El Morya

Invocação

Em nome da Bem-Amada Poderosa e Triunfante Presença Divino EU SOU em mim e do meu amado Santo-Ser-Crístico em todos os corações humanos, nós Vos amamos e adoramos, apelamos para o coração da Vontade de Deus do Grande Sol Central de Alfa e Ômega, que é o princípio e a origem de toda vida, nossa razão de ser, Vós sois tudo! Selai-nos em Vossa Luz, Vosso Amor e Vossa Força da Vitoriosa Conclusão!

Manifestai Vossa Luz e Vosso Amor sobre nós, guardai e protegei-nos para vivermos na verdade, guiai e conduzi-nos, dando-nos o conhecimento que nos libertará e que vosso Amor possa irradiar por nós, e que toda vida que tocarmos possa ser vossa bênção. Nós Vos agradecemos.

Invocamos a Toda a Grande Fraternidade, Legiões de Anjos, Reino dos Elementais e principalmente Vós, poderosos Mestre e Ascensionados El Morya e Mirian, Arcanjo Miguel e Fé, e Vossas Legiões de Anjos da Chama Azul, Elohim Hércules e Amazon, Seres Cósmicos, Serafins, Querubins e todos que servem no Primeiro Raio.

Nós Vos rogamos: vinde com Vossos Corpos visíveis e tangíveis e permanecei conosco para sempre, carregai, carregai, carregai nossos corpos com Vosso Amor, Vossa Fé em Deus e em Sua Proteção e tudo que necessitamos. Recebei o nosso Amor e respondei ao Nosso apelo infinitamente agora e sempre. EU SOU, EU SOU, EU SOU.

Descrição do Templo da Vontade Divina

Ao pé do sistema montanhoso do Himalaia, no Plano Etéreo sobre Darjeeling, na Índia, fica o Santuário do Mestre Ascensionado El Morya, o Templo da Vontade Divina e sua residência. A estrada aclive, após várias curvas, conduz até as proximidades desse imponente castelo, é um palácio branco, da escadaria já se avistam os picos majestosos das montanhas, que se elevam no horizonte. Ao avistar o Santuário, de longe, nota-se sua grandiosa beleza. É todo iluminado, com o predomínio da Chama Azul.

Na chegada, um Portal na entrada principal, o Mestre El Morya recebe seus amigos no seu salão confortável e pela janela do recinto se vê o jardim florido. No mesmo recinto há um piano de pau-rosa que Ele costuma tocar com seu Irmão Kuthumi. Na sala tem sempre fogo crepitando na lareira desse belo e elegante aposento. No outro lado está situado o grande salão de conferências, onde Mestre El Morya discute com os discípulos e pessoas influentes nos meios políticos mundiais os planos que, pela Vontade Divina, deverão ser realizados aqui na Terra.

O Mestre Ascensionado El Morya trabalhou durante muitas encarnações, emprestou suas qualidades e talentos à humanidade em diversos tipos de atividade para tornar mais ativa na Terra a Vontade Divina. Foi rei e imperador em várias nações, mago, herói, escritor de uma infinidade de livros importantes, foi canonizado duas vezes pelo Vaticano e patriarca de uma nação. O Bem-Amado Mestre imprimiu no Seu lar e Santuário um cunho agradável e de gosto apurado. O Santuário espaçoso em Sua propriedade é maravilhoso, o Foco de Irradiação da Sagrada Chama da Vontade Divina sobre o altar é adornado de safiras e brilhantes, todas as paredes são ornamentadas de um delicado azul elétrico, as janelas têm lindos vitrais em que predomina o azul.

O Mestre Ascensionado El Morya é responsável pelo desenvolvimento e orientação de todo o povo asiático, com um grande atributo de fiscalizar os governantes de todos os países. É o Hierofante do Primeiro Raio cujas virtudes são poder, força, decisão, Vontade Divina. Quem pertence a este raio tem o atributo de governar e comandar. E o Grande Mestre, embora seja detentor de todo o poder, é magnânimo, digno e austero e reflete estas qualidades não somente na vida exterior, mas para qualquer ponto que dirija a Sua atenção. Desde os tempos do Rei Arthur estava em Seu poder o Santo Graal (o Cálice Sagrado) e a Espada de Diamantes, que simbolizam a energia dos dois pólos da imanente e latente Vontade de Deus.

O Santo Graal dirigindo para o alto significa a consciência, a fim de receber a inspiração da Vontade Divina e do Plano Divino. A espada simboliza a ação, portanto o cumprimento da Vontade Divina. No Oriente, muitas pessoas vêm observando essa regra. No Ocidente, Nós esperamos que os homens também empunhem a Espada e manifestem a Vontade Divina aqui em nosso Planeta.

Discípulos, a energia da Vontade Divina magnetiza o Santuário de El Morya, impregnando a atmosfera; ela oferece resistência a toda forma-pensamento negativo das pessoas, que acham que seja a Vontade Divina. O Templo irradia ininterruptamente a fé na misericórdia de Deus, o que significa impulsionar e expandir a Luz do Cristo em cada homem. É este trabalho que o Mestre Ascensionado El Morya e Sua Fraternidade da Vontade Divina prestam à humanidade ao manter acesa a Chama de Darjeeling.

Discípulos, procurai fazer uma expansão de consciência, visualizando entrar no Templo do Bem-Amado El Morya, sentai-vos ao pé do fogo, no átrio do salão, e absorvei as centelhas de Sua Fé e o grande desejo de fazer expandir em nosso Planeta e Reino Divino. Dependemos de vós para levar o conhecimento da existência de Seu Santuário, pois são poucos os que conhecem Seu trabalho, vós sois discípulos privilegiados. Ponderai no modo de aproveitar bem, de praticar e levar a todos este conhecimento.

Ensinamento do Mestre Djwal Kul

Ensinamento

"Queridos filhos, Eu, Arcanjo Miguel, cavalgo Meu Corcel de Ouro e Faço brandir Minha Espada de Chama Azul para vos libertar de vossas ligações terrestres. Visualizai a Espada de Chama Azul... na vossa mão direita... e pedi à vossa Presença Divina EU SOU segurar vossa mão na sua mão... que ela vos dirija e que ela seccione todos os laços que forjastes, toda a energia negativa criada por vós, por meio do ódio, mágoas, ressentimentos, mas necessitais primeiro usar a Lei do Perdão. Depois seccionai todas correntes e amarras, imantações e bloqueios que estão impedindo a evolução da humanidade.

Arcanjo Miguel

Mensagem

Meus amados discípulos, Eu, Arcanjo Miguel, Sou um dos sete poderosos Arcanjos, sendo mensageiro de Deus, Eu Sou o Príncipe das Legiões dos Anjos e Arcanjos, Eu Sou o Arcanjo da fé, da proteção e da libertação de todo mal e o mais conhecido. Recebo apelos infindáveis que Me têm sido dirigidos pelos seres humanos e estou sempre pronto para auxiliar em vossos pedidos, que contribuem para que Eu possa me aproximar mais da Terra. Eu tenho os cabelos dourados e os olhos azuis, me manifesto no astral da Terra como um Centurião Romano, irradiando uma Luz Azul deslumbrante da confiança e da fé em Deus.

Discípulos, Eu estou sempre ouvindo as súplicas de todos que se queixam de suas dores tanto morais, quanto físicas. Desde o início, quando os homens encarnaram aqui, Eu pedi a Deus Pai para ser guardião da fé, acompanhado pelas Minhas Cortes Celestiais, desci à Terra, a fim de atender a todos aqueles que desejassem o Nosso auxílio.

Quando chegaram as primeiras emanações de vida de seres puros e inocentes, que iriam povoar a Terra, Eu fui o protetor daqueles que encarnaram nas proximidades de Royal Teto, em Wyoming, E.U.A. Séculos mais tarde, quando novos grupos vieram de outras estrelas (expurgados retardatários de outros planetas que trouxeram consigo trevas e desarmonias), Eu e Minha Corte de Anjos Nos retiramos paulatinamente da Terra para o Meu Santuário da Fé, construído com substância terrena.

Meu Templo situa-se no plano etéreo sobre as Montanhas Rochosas, no Canadá; e por muito tempo existiu em vosso plano. Ele é circular e de proporções consideráveis, tem quatro entradas que correspondem aos quatro pontos cardeais. Este Meu Templo foi construído com um material maravilhoso, de cor dourada, e possui magníficas incrustações de safiras azuis; sobre a cúpula há Minha imagem.

Desse Foco de Irradiação, Eu e Minha Legião continuamos a proteger e servir, depois que a humanidade começou a perder o vigor em virtude dos caprichos, teimosia e independência e assim ficou privada do direito de conviver com os anjos e Seu Guia e de receber os Nossos conselhos. De todas as partes do globo vinham, antigamente, muitas pessoas para haurirem os poderosos raios que Eu irradiava, obtendo ali novas forças para executarem na Terra a missão de servir que escolheram e, também, o fortalecimento de sua fé no Reino Divino, não só aqui como no céu.

Do Meu Templo etéreo os Meus Anjos e Mensageiros saem, incessantemente, levando a proteção, misericórdia, absolvição e auxílio. O Raio do Absoluto (da fé inabalável em Deus) transpassa incessantemente os planos mental, sentimental, etéreo e físico do Planeta, bem como os reinos em evolução. São muitas pessoas que vêm à noite, em seus corpos sutis, ao Meu Templo, principalmente as que desejam libertar-se de qualquer limitação humana, como doenças e problemas da alma.

Discípulos, quando invocais fervorosamente a Mim e Minha Legião de Anjos, essas súplicas são atendidas prontamente e o devido socorro é prestado ao suplicante para solucionar a necessidade que o oprime e enfraquece. Algumas dessas pressões e tormentos são sugestões provenientes das massas, isto é, energias destrutivas que se acumularam ao longo dos tempos. Às vezes, o indivíduo cai fascinado e é obsidiado por tais sugestões, situação criada por ele próprio que alimentou essa classe de pensamentos e sentimentos; e como não possui a necessária força espiritual, mais sabedoria e ânimo para desvencilhar-se, é atormentado até que resolva pedir socorro a Mim e a Minha Legião de Anjos, então Eu irei ao socorro com Meus Mensageiros em vosso auxílio seccionando aquelas forças malignas, libertando, mas para isso é necessário que o pedido seja feito com fé, pois o resultado será infalível.

Muitas pessoas que passam pela chamada morte conservam ainda as más inclinações e os hábitos reprováveis que possuíam quando encarnadas. Por isso Eu vos peço vossa súplica pelas almas, e as libertarei de suas cargas, de modo que no plano astral possam freqüentar uma escola espiritual, pois Nós não podemos intervir sem o vosso pedido.

Amados discípulos, este ensinamento gostaria que levassem para todos, que assim poderão receber a Nossa ajuda e antes de adormecer, dirigir sua atenção ao Meu Templo da Fé e da Proteção, suplicando a Mim quando Eu os auxiliarei defendendo-os de toda causa e germe de sofrimentos e limitações. Desta forma, o poder da Luz penetrará em seu mundo mais rapidamente, trazendo-lhe a perfeição que seu coração almeja, que é a verdadeira paz.

Arcanjo Miguel

Elohim Hércules — Decisão

O Bem-Amado Elohim Hércules e Seu Complemento Divino Amazon nos diz:
"Em Nome de Deus, Eu vos trago o fogo de Hércules!" "Eu Sou" o Elohim que representa a vontade de fazer! "Eu Sou"o Elohim da decisão e Deus Me livre de homens indecisos! Todas as coisas que têm sido executadas no Plano Celeste foram realizadas por homens e mulheres de Decisão, por Anjos, Elementais e Devas de Decisão, por todos os seres que, voluntariamente, decidiram combinar as energias de Suas vidas com a vontade de fazer algo construtivo. Sem essa vontade não há a permanência da realização.

Estais contentes com o que sois, com o que conseguistes manifestar presentemente? Estais contentes com a metade de uma broa quando podereis possuir uma inteira? Vós vos contentais em viver em limitações e corpos decadentes?

Aquilo que desejais é aquilo que manifestais!

Bem-Amados, iniciantes do discipulado, chegamos a uma etapa onde vós, que sois os construtores da nova era, precisais inteirar-vos da Ciência da Criação.

A omissão descuidada, ou mesmo a conformação inativa com que muitos entre vós carregam as emoções penosas e as dores morais não são mais suficientes. Vossas consciências precisam ser enriquecidas pelo conhecimento do científico processo da precipitação que usareis por meio de vossos corpos mentais e mundos de sentimento, maneira pela qual vos tornareis e permanecereis Mestres. Só assim canalizareis para Nós, no mundo da forma, aquelas idéias e modelos que criarão os núcleos da "permanentemente idade de ouro". Por meio de quem virá a "Nova Idade de Ouro" a não ser por meio de vós mesmos? Vós sois a porta aberta para Nós.

Bem-Amados, se vos concentrais na Lei, assim como Nós a estamos transmitindo, podereis sair de uma consciência de limitações para a completa liberdade, muito rapidamente.

Tudo isso depende de quanto desejais fazer, de quanto desejais transformar-vos.

Foi a vontade no coração de Josué e Seus seguidores que fez tombar as Muralhas de Jericó, quando eles se acercaram delas. Foi a VONTADE no coração do Mestre Jesus que O capacitou a trilhar o Caminho até o Calvário; que O fez abandonar o túmulo para Ascender à plenitude de Sua Perfeição (Sua Ascensão) na presença de cerca de quinhentas pessoas. Foi a vontade dos primeiros patriotas que fez da América a terra da liberdade.

Aquilo que o homem deseja ele terá, pois a Vontade é o magnético Poder da Divindade em cada coração que traz ao homem aquilo que ele deseja.

Por quanto tempo o homem tem dito entre lábios: O Reino do Pai virá. Será ele estabelecido na Terra assim como é nos Céus? Assim exatamente será para o homem é o reino do pai.

Hoje, vos dou o fogo do meu entusiasmo, a certeza de que aquilo que desejais, aquilo tereis. Aquilo que desejardes manifestar, vira, pois esta é a Lei!

Chamado dos amados Elohim Hércules e Amazon

Amados Elohim Hércules e Amazon, nós Vos amamos e abençoamos. Agradecemos por Vosso grande serviço à Terra. Carregai, carregai, carregai nossos corpos físico, etérico, mental e emocional com Vossa Força Hercúlea e com a Força do Vosso amor que nos dá a toda hora uma invencível proteção. Em nome da Amada Presença

Divina "Eu sou" e em Nome dos Elohim Hércules e Amazon, nós queremos ser divinamente livres no pensar, sentir, em nossos corpos, nossas finanças e livres dos problemas humanos.
Eu sou uma Incorporação de Hércules.
Eu quero ser livre com Deus!
Eu sou a Força de Hércules.
Eu quero ser um Mestre Divino.
Eu sou a Proteção de Hércules.
Eu serei o vosso "EU SOU" em ação.
Eu sou a Vontade de Hércules.
Eu quero ser uma incorporação divina.

A Lei da Precipitação e os Sete Planos da Criação

- **Primeiro plano da criação:**

   EU, ELOHIM HÉRCULES e Meu Complemento Divino AMAZON da Decisão, Força, Vontade e Ação. Quando tiverdes um propósito e uma vontade definida, INVOCAI por NÓS, por meio da Vossa Bem-Amada Presença Divina EU SOU, e o vosso objetivo será realizado.

- **Segundo plano da criação:**

   EU SOU ELOHIM CASSIOPÉIA, Meu complemento Divino é MINERVA. Minha Virtude é a Percepção e Iluminação. Quando invocardes por Mim por meio da Meditação, Eu trarei a iluminação e vós podereis discernir um modo de se materializar.

- **Terceiro plano da criação:**

   EU SOU ELOHIM ÓRION, Meu Complemento Divino é ANGÉLICA da Coesão, a Minha Virtude é o Amor Divino, e o Amor é a Força Coesiva do Universo, que unifica a substância primordial para criação e que manifesta e materializa no mundo físico.

- **Quarto plano da criação:**
EU SOU ELOHIM CLAIRE, Meu Complemento Divino é ASTRÉA, a Minha Virtude é a Pureza. Tendo projetado para a humanidade o Plano Imaculado, e que todos os desejos e projetos se mantenham puros e translúcidos, iguais a um cristal, e aí sereis preenchidos com a Luz do Criador.

- **Quinto plano da criação:**
EU SOU ELOHIM VISTA. Meu complemento Divino é CRISTAL, a minha Virtude é a Concentração e reunir esta Energia e santificá-la até que seja o projeto criado e executado. Manter e cuidar do cérebro e coração humano, para não se desviarem do modelo desta concentração criada.

- **Sexto plano de criação:**
EU SOU ELOHIM. Meu Complemento é TRANQÜILISTAS, a minha Virtude é de Paz, emano a Chama Cósmica da Paz à humanidade, para criarem modelos de harmonia, beleza e alegria. Sabeis que antes passamos pelo Sétimo Plano do Elohim Arcturus e Diana, para após manisfestar o Meu Plano Divino.

- **Sétimo plano de criação:**
EU SOU ELOHIM ARCTURUS. Meu Complemento Divino é DIANA, a Minha Virtude é a Invocação e do Ritmo que vos trazem a infinita liberdade é este Meu trabalho que vai lapidando, polindo para aperfeiçoar pelo poder do Fogo Violeta a humanidade e todo o Planeta, e hoje esta Chama está em atividade nesta Era Aquariana, que tem o poder de transmutar todos os carmas individuais, coletivos e planetários.

Segundo Raio — Dourado

Iluminação e Sabedoria

O Mestre Ascensionado Confúcio é o Diretor do Segundo Raio. Este Raio pertence ao Aspecto Filho da Trindade, é o Cristo manifestado no coração físico, que encontra-se retratado no coração cósmico. Fornece o equilíbrio entre o Primeiro e o Terceiro Raios. Por isso, quando utilizardes este atributo, tereis que utilizá-lo com todo equilíbrio, como o desenho de um triângulo abaixo representa a forma da Trindade:

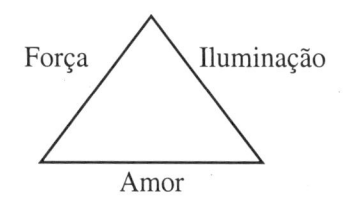

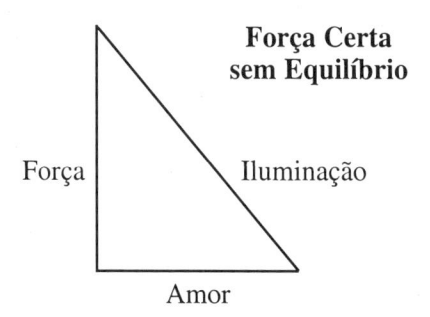

Força Certa com Equilíbrio

Força / Iluminação / Amor

Força Certa sem Equilíbrio

Força / Iluminação / Amor

Se desenvolverdes mais um lado que outro trarão o atributo na ciência das invocações divinas: o desequilíbrio.

Esse Raio refina a mente humana e purifica a consciência atuando particularmente no sistema nervoso central, ativando a vibração do cérebro no acesso às oitavas de Luz. Este Raio é de cor dourada, Raio de atributos de professores, educadores, estudantes, rege a todos os cientistas.

Este Raio foi regido até 1956 pelo Diretor, o Mestre Ascensionado Kuthumi. Hoje, junto com o Mestre Ascensionado Jesus, foi elevado à categoria de Instrutor do Mundo. O Seu maravilhoso Templo fica sobre aprazível colina de Cachemira, ao norte da Índia. Neste Santuário Espiritual reúnem-se os irmãos e irmãs dos Mantos Dourados. A grande dedicação de Kuthumi e grupos de Ascensionados é transmitir a Verdade aos homens, pelas religiões atuais, para que todas possam ser unidas, pois Deus é um só. Todas as religiões existentes foram criadas pelos homens e o objetivo nesta Nova Era Aquariana é que todos possam se tornar universalistas.

Também é uma das funções do Segundo Raio impulsionar o desenvolvimento da consciência que possui aptidão para doutrinar e orientar os humanos e poderá empregar para esse fim diferentes métodos e recursos.

Todos os Ascensionados desse Raio, Mestre da Iluminação e Sabedoria, trabalham incentivando as Forças da Inteligência nos seres humanos, tanto que protegem especialmente os professores, doutrinadores e principalmente os alunos que se interessam em aprender e evoluir, bem como todos aqueles que de alguma maneira se propõem a passar conhecimentos, ensinamentos e sabedoria a outros. E em especial aqueles que desejam progredir nas áreas do ensino e da espiritualidade, também aqueles que se dedicam às ciências, auxiliando-os a meditarem na sabedoria conquistada por seus estudos, pesquisas e descobertas, em particular as que visem ao bem comum da humanidade.

Os discípulos do Segundo Raio procuram melhorar o seu conhecimento dos países e das raças, dedicando-lhes muita atenção.

Só quando na mente externa da humanidade o "coração compreensivo" falar, realizar-se-á a verdadeira Fraternidade Universal. Não podendo esquecer, quem pertence a este Raio não se preocupa com o aspecto exterior das coisas nem com o próprio intelecto, tampouco se aferra a posições ou sucessos.

Todos que procuram trabalhar auxiliando neste Raio os intelectuais, juízes, educadores e filantropos são banhados pelos Raios da Chama Dourada da Iluminação e Sabedoria, sob olhares protetores do Mestre Confúcio e todos que manejam o Fogo Dourado sobre o Planeta.

Discípulos amados, o Mestre Ascensionado Kuthumi encarnou várias vezes antes de Sua Ascensão. Foi Pitágoras, o Grande Matemático Grego, que descobriu o Pi (3,1415) que só por essa forma pode se obter a área de uma circunferência; foi Gaspar, um dos três Reis Magos, que mais tarde veio entre nós como São Francisco de Assis. Ele, juntamente com o Mestre El Morya, fundou a Sociedade Teosófica. Quem quiser ter o conhecimento das leis espirituais e desejar ser um instrutor aos seus semelhantes, receberá grande ajuda se dedicar suas preces ao Mestre Ascensionado Kuthumi pedindo-Lhe para participar de seu trabalho voluntário.

Todos os esforços para aquisição da iluminação e sabedoria são motivos de alegria para o querido Mestre Ascensionado Confúcio e a todos que manejam esta Chama em Nosso Planeta.

EU SOU A Chama da Sabedoria e Iluminação atuando em minha vida e em meu mundo agora e por toda a eternidade.

A Iluminação é o princípio para todos

Discípulos da Nova Era, EU SOU LUZ... EU SOU toda a Luz... Porque a Luz de Deus é sempre Vitoriosa, nunca falha, está presente... trazendo paz e alegria, poder c sabedoria. A Iluminação é uma das Naturezas de Deus. Eu fui diretor deste Raio e hoje o nosso Mestre Confúcio é o diretor.

Não podeis esquecer que vós sois LUZ... O fluxo criativo sem fim. O fluxo e refluxo de vida. Vida sem fim. Vós sois uma projeção de Luz na matéria e assim vosso Lar é a Luz. Todos mergulham sua taça na Fonte Cósmica da Iluminação e a recebem na medida de sua capacidade e aptidão. Isto é uma comunhão espiritual. O ensinamento mais aprimorado é obtido pelas muitas idas até o manancial. E os que conseguem aumentá-lo em sua taça oferecem o conteúdo transbordante a todos aqueles que não podem chegar lá.

Como sucede no primeiro ano escolar, quando o professor primeiramente encheu a taça com conhecimentos, vem oferecê-la carinhosamente aos alunos para que eles aprendam a amar o precioso elixir e voltem a procurá-lo na fonte do Mestre, é como os Mestres dizem: "Quando o discípulo está pronto, o Mestre (a Fonte) aparece". Quem se negar de beber na Fonte, nunca aumentará o seu merecimento.

Permita-se estar dentro da Fonte no centro do seu coração, e assim saciareis a vossa sede e Sabedoria e Iluminação, vós vereis que a Chama Trina tem Três Línguas principais. A porção que vos digo está no centro e é a Dourada, rica em tons tremeluzentes de quentes matizes dourados. À direita, há uma Chama Azul extraordinária: azul intenso, profundo, com redemoinhos de azul mais claro. À esquerda, há uma Chama Rosa suave, com nuances de um rosa mais profundo, magenta. Juntas, essas Chamas formam uma Chama magnífica, que é a Fonte da Água Viva, na qual o Mestre Jesus nos disse: "EU SOU a Fonte da Água Viva, quem beber da Minha Água nunca mais terá sede".

Discípulos, quando o homem deixar que essa minúscula chama (a Fonte) cresça novamente até atingir seu tamanho total, ela se tornará cada vez mais brilhante, maior. Vós sentireis o vosso coração aceso se expandindo...

Dai-vos tempo para santificar-vos... Assim mesmo o preceito não é lembrado e nem os próprios discípulos o põem em prática. Portanto, vos digo, meus Bem-Amados e Abençoados: perseverai e dai-vos todo o tempo que for necessário para realmente atingirdes a Santidade aspirando da Fonte de toda a Vida.

Meus bem-amados: "abençoados sejam os que estimulam a sede espiritual e os que a saciam!". EU SOU a Luz da Sabedoria de Deus, que é sempre vitoriosa, que nunca falha e está presente!

Ensinamento do Mestre Ascensionado Kuthumi

Eu sou Lanto, a irradiação, a devoção, a dedicação, a precipitação, a Sabedoria Iluminada da Chama Dourada. No passado, fui Imperador da China e fiz a Minha ascensão há muitos séculos. Quando o Continente Lemúria submergiu (local: o Oceano Pacífico) outorgaram a Mim a custódia da Chama da Precipitação e de todas as riquezas espirituais do Templo de Teton, nas Montanhas Rochosas, em Wyoming E.U.A. Como governador, administrei e fui hierofante desse Templo, e com muito amor e sabedoria conquistei o direito de assumir outros encargos maiores.

Sendo assim, confiei este cargo como hiorefante deste Templo ao Meu discípulo Mestre Ascensionado Confúcio, que até hoje exerce este cargo, mas pelo amor que Eu sinto pela humanidade preferi continuar aqui na Terra para ajudar, principalmente nesta época de crise. Auxiliei o Bem-Amado Mestre Kuthumi, quando hoje assumi o cargo que por Ele era exercido e fui promovido ao Seu posto como Diretor Divino.

Discípulos amados, este ensinamento vos dou: buscai a Sabedoria e utilizai toda a energia de vossa fé e vossa Força usando os ensinamentos dos Irmãos do Segundo Raio.

Na época atual, quando se ouve dizer: "Olhe aqui, olhe ali", o discípulo deverá estar atento e ciente de que as palavras de Jesus continuam sendo hoje tão verdadeiras como foram em outros tempos, ao serem pronunciados por Ele pela primeira vez: "Muitos virão em Meu Nome, mas EU não SOU como eles".

Quem utiliza, conscientemente, a força da Fé, da Iluminação e da Sabedoria para incentivar vantagens ilícitas em benefício próprio será responsável no final de sua vida terrena, quando se apresentar perante o Tribunal do Conselho Cármico. Também aqueles que, apesar dos ensinamentos espirituais, emprestarem sua energia para apoiar tais indivíduos dignos de lástima, deverão, do mesmo modo, ser responsáveis ante a Lei Cósmica e, naturalmente, sua evolução será bastante tolhida.

Toda atividade destruidora requer muito mais força do que aquela que poderá ser gerada por um único indivíduo. Portanto, a Fé, a Sabedoria e a Iluminação consciente junto à força de muitos é o único meio que poderá manter estas atividades nefastas isoladas por algum tempo.

Meus Amados discípulos, enquanto o ser humano não demonstrar respeito à vida, desde o seu íntimo e expandir esse amor, até que só manifeste o Cristo, onde quer que esteja, perderá a grande oportunidade de evoluir, para atingir a ascensão.

Esta é a maior lição do mundo, o maior conhecimento, a maior lei espiritual deste universo. Aprendei a respeitar a vida. Se o fizerdes não mais sereis infelizes e amargurados, e sim cheios de graça como o Ascensionado Mestre Saint Germain.

Ensinamento da Iluminação e Sabedoria do Bem-Amado Mestre Lanto

Ó, vós discípulos, que viestes para renovar o mundo, Eu vos saúdo do Meu Reino Angelical, de um sol situado atrás do vosso, do País do nosso sistema Solar e do País desta galáxia. Eu vos trago LUZ! LUZ! LUZ!. Para todas as emanações de vida. Buscai a Chama da Iluminação, pois sereis avaliados por aquilo que fizeres agora.

Gostaria que cada um de vós firmasse comigo um compromisso de ensinar cada ser humano. Isto é uma grande responsabilidade, descobrir, em si mesmo, o poder da Luz! Do Meu Templo é oferecido a todo ser das três evoluções o ensinamento necessário para que se torne um Mestre da Sabedoria e assim podereis ensinar a todos que buscam o conhecimento, e deste modo poderão obter seu aperfeiçoamento na escola evolutiva.

Para a Iluminação Divina, são poucos que têm o conhecimento e o põem em prática, na esperança de realizar um sonho, e apresentam um projeto importante. Foi assim, também, com o nosso planeta, somente dois seres do coração do sol o visualizaram e os sete Elohins o criaram. Só existem sete Arcanjos, mas é por meio de Suas consciências, corpos e esferas que flui a energia total dos poderosos Sete Raios para alimentar a natureza espiritual dos homens, dos seres elementais e angélicos. São sete os Diretores dos sete Raios, que regem, controlam, orientam e desenvolvem os dez bilhões de emanações de vida que são aprendizes deste Planeta, e enquanto existir um único indivíduo que ainda não revelou a Sua Presença "EU SOU" (Cristo em seu coração), o planeta será mantido até que os retardatários alcancem o seu objetivo.

Discípulos, vosso ser externo vos dificulta a ação de dar passos maiores com vistas à Perfeição. Nós, na Segunda esfera, trabalhamos estas idéias, que se cristalizam e tomam forma. Podereis realizar a mesma coisa em vosso mundo. Desponta-vos uma idéia de fazer algo. Tracemos um plano de viagem até SHAMBALLA ou até HIMALAIA ou em qualquer outro lugar, ou um objeto que queiras, sem ser por vaidade ou por avareza e trazeis a imagem para a Segunda esfera, e esta idéia é agradável, nela flui vossa emoção que cumula essas formas de energia e a pressão de vossos sentimentos completa a realização.

Que o poder da Iluminação paire sobre cada um de vós, amados discípulos da Luz. Contudo, quem procurar constantemente a

Iluminação Divina, receberá maiores bênçãos. Portanto, esforçai-vos ainda nesta existência terrena.

Ensinamento do Anjo Jofiel

Prece de Kuthumi
(como São Francisco de Assis)

Senhor,
Fazei-me instrumento de Vossa Paz.
Onde haja ódio,
Consenti que eu semeie amor;
Perdão, onde haja injúria;
Luz, onde haja trevas;
Alegria, onde haja tristeza!
Ó Divino Mestre!
Permiti que eu não procure
Tanto ser consolado, quanto consolar;
Ser compreendido, quanto compreender;
Ser amado, quanto amar;
Porque é dando que recebemos;
Perdoando é que somos perdoados.
E é morrendo que nascemos para a Vida Eterna.
Amém.

Invocação do Segundo Raio
(Dourado)

Amado Arcanjo Jofiel, e Seu Complemento Divino Constância.

Peço a Vós a Chama Dourada da Iluminação e Sabedoria para envolver este recinto, trazendo Iluminação e Sabedoria a todos os Presentes.

Ao Elohim Cassiopéia e à Divina Minerva peço a verdadeira Sabedoria, Sabedoria, Sabedoria dos Milhares de Sóis, dai-nos a modéstia necessária para manter nossas vibrações tão rápidas que o orgulho não possa penetrá-las.

Aos Mestres Ascensionados Kuthumi, Lanto e Confúcio peço que mantenham acesa a Chama da Iluminação e da Sabedoria em meu coração, em minhas atividades diárias e em meu mundo. Eu peço que este apelo seja manifestado fisicamente. EU SOU o poder que o faz aparecer sobre o plano físico.

Eu Sou Deus em Ação!

Elohim Cassiopéia — Percepção e Sabedoria

Bem-amados discípulos "Eu sou" Cassiopéia, o Elohim da percepção e sabedoria, concentrando o poder da atenção, sem o qual a mente nada pode criar, nem aqui nem em lugar algum.

O poder de vossa atenção, meus amados, é a porta aberta para vossa mente e vossa consciência.

O Planeta Terra passa, presentemente, por um estado de "Incubação Cósmica". As sementes de energia inteligente (que vós chamais de Luz Cósmica) são realmente substâncias de Luz, conscientemente dirigidas para a Terra pela atenção que lhes dão os Seres Cósmicos.

Uma das sementes é a dourada Chama da Iluminação Divina que flui do coração da Hierarquia e vem sendo dirigida para a Terra, já durante algum tempo. Nós vos temos amado e observado por tantas eras!... Nossa atenção tem estado focada em vós por um período muito mais longo do que aquele em que atentais para Nós.

Agora, chegamos à grande Hora Cósmica, quando vossa atenção se fixa em vários Membros da Hierarquia, de acordo com um Plano perfeitamente idealizado, porque sem vossa atenção pouco podemos fazer por vós.

Deus vos abençoe por vosso contínuo interesse por Nosso trabalho durante estes últimos anos, interesse que vem formando o campo magnético que Nos atrai para a vossa atmosfera, nos dias atuais. Deus vos abençoe pelo interesse que mostrais acerca do Poder Divino, atenção que faz este Poder fluir, mais e mais, para a baixa atmosfera da Terra, abençoando toda a vida.

Vosso corpo mental recebe, pela vossa atenção, tudo aquilo que contactais, seja o que é bom ou mau. Se dais grande atenção à discórdia, quando ouvis, sentis ou vedes, tal discórdia penetra vosso corpo mental e nele se aloja, acumulando-se com aquilo que ali já está. O corpo mental da humanidade é tal qual um armazém, (subconsciente) no qual estão estocadas as acumulações de eras passadas; armazém repleto de conceitos humanos discordantes, alguns já completamente petrificados, outros em processo de desintegração.

No decurso de uma vida, a humanidade aceita a influência da atmosfera que a circunda, da religião em curso na época, do sistema educacional vigente, da família e dos parentes entre os quais nasceu, da raça a que pertence, da história que lhe é transmitida e muitas outras influências que se acumulam em seu corpo mental (subconsciente).

Pela qualificação da energia da experiência de cada período de vida, a consciência, em sucessivas encarnações, tenta livrar-se das passadas acumulações do corpo mental (subconsciente) e isso é a busca que cada um procura por si mesmo realizar, a sua transformação por meio de várias alternativas, mas depende de seu único desejo, que consiste de tudo aquilo que foi previamente registrado, por essa massa firmemente alojada. Nós nos esforçamos para semear apenas um grão que seja de Verdade! De tempo em tempo, Nós tentamos plantar Nossas sementes na esperança de que floresçam e frutifiquem. Por favor, impulsionemos toda acumulada massa para fora! Abandonai os conceitos HUMANOS que vindes abrigando através de eras! A Ciência da Criação está em vossas mãos e em vossos corações, Buscai.

Eu vos agradeço!

Ensinamento do Bem-Amado Elohim Cassiopéia

A Lei da Precipitação

1. O átomo permanente

É o núcleo, o poder de coesão, ao redor do qual a substância eletrônica é congregada, para criar a perfeita forma física requerida.

Nem a respiração, o caminhar, nem outro processo peculiar ao viver, pode ser realizado por acaso, sem planejamento, nem podem as Leis que governam o Universo serem postas em prática apenas

por um simples desejo ou uma incompleta aplicação dos Princípios Cósmicos.
Por favor, analisai isso!

2. A luz eletrônica

A substância universal informe é inteligente.

A Luz Eletrônica à qual Nos referimos e que preenche o Universo contém o núcleo central da CHAMA AZUL BRANCO-CRISTALINA. Ela é uma substância de Luz Universal informe, dotada de inteligência.

3. O poder criativo

É a Divindade, a Chama Trina.

A divindade contém a Atividade Criadora de Vida — A Chama Trina, a Tríplice Atividade — O Pai, O Filho e o Espírito Santo. Este é o Único Poder Criativo no Universo.

Por favor, estudai várias vezes os parágrafos acima, até que possais diferenciar o poder criativo da Substância de Luz (que é a Essência que obedece e se torna a roupagem, o envoltório da Chama Criativa).

4. A chama trina

O Fogo da Criação é tão poderoso dentro do coração do homem como é no Coração do Grande Sol Central.

A GRANDE CHAMA TRINA pode multiplicar-se a si mesma, sem limite, e produzir novos pontos de consciência em qualquer parte do Universo.

Seja isso a Divindade dirigida (O Logos Solar) ou seja uma Centelha da Poderosa Presença Divina EU SOU do indivíduo, não faz diferença. O Fogo da Criação é igualmente poderoso, tanto venha do Coração do Sol Central ou do coração do homem em evolução.

Ensinamentos de Paulo Veneziano

Os eléctrons da Presença Eu Sou contêm o Fogo da Criação

Os eléctrons, quando fluem da Poderosa Presença EU SOU para o coração físico, contêm dentro de si o FOGO CRIADOR. Cada eléctron pode tornar-se o núcleo de qualquer forma que o indivíduo queira trazer à existência. Assim, este eléctron pode tornar-se o corpo de uma criança, a semente de uma idéia espiritual, o núcleo de um grande movimento internacional, de um extenso romance ou de uma celestial sinfonia.

O eléctron que entra no coração e se torna parte da emanação de vida de uma inteligência autoconsciente pode PROJETAR-SE na Substância Eletrônica e, em torno de uma minúscula partícula do Fogo da Criação, congregar parte desta Substância Universal.

Sem o Átomo Permanente, a Substância Universal permanece informe. O Átomo Permanente é o Coesivo Poder e a Vontade Divina que moldam a Substância Eletrônica em uma forma.

Toda a criação é Trina. Deixai que Eu vos descreva o princípio que cria este Átomo Permanente.

A luz eletrônica desce para o coração e sobe pela garganta e cabeça.

A Luz Eletrônica desce por vossa emanação de vida para o coração (que é a TAÇA que recebe a Luz) e então (de acordo com o plano divino) os eléctrons sobem novamente, atravessando a garganta até a cabeça. É manifestação anormal quando a Luz Eletrônica desce abaixo do coração e se torna depravação sexual.

Quando o percurso da Energia Eletrônica alcança o coração e reinicia sua subida, o olho interno pode ver o movimento da Luz.

Nesse percurso, ela se derrama e arremessa em tão rápido deslocamento que geralmente parece a sombra de um só filete. Porém, na realidade, esta energia está metade descendo e metade subindo.

Quatro planos necessários para criar o átomo permanente de vosso desejo

1º Plano: Fazei vosso quadro mental importante, o quadro mental daquilo que desejais precipitar.

2º Plano: Deveis saber e sentir. O Fogo que flui permanentemente através de vós, é o Uno com o qual foi criado o Universo.

3º Plano: Abandonai toda idéia a personalidade como doadora. Também precisais abandonar, completamente, qualquer idéia sobre o poder da personalidade como supridora.

4º Plano: Dos TRÊS CENTROS, A CABEÇA, A GARGANTA E O CORAÇÃO, CONSCIENTEMENTE projetai um caudal de substância eletrônica, para dentro de vosso corpo mental.

Resultado: Formação do ÁTOMO PERMANENTE de vosso quadro.

Quando os eléctrons dos três centros começam a fundir-se, a agregar-se, tornam-se a Chama Tríplice, o átomo permanente, que atrai a substância do Universo para seu redor, e vossa precipitada forma está completa.

Como projetar um caudal de substância eletrônica de Vossos Três Centros

- **Primeiro:**
  O RAIO ROSA — O COESIVO PODER DO AMOR
  Deixai que Eu vos mostre... Do coração da Substância Eletrônica flui um Raio Rosa que é coesivo poder do amor, cuja força magnética faz a LUZ AZUL dos eléctrons tomar forma.

- **Segundo:**
  O RAIO DOURADO — O QUADRO MENTAL DELINEADO EM LUZ DOURADA.
  Da cabeça vem o RAIO DOURADO, que é o quadro mental da Vontade Divina, criador do Plano Divino em uma matriz, um molde. Vosso molde mental é sempre esboçado em Luz Dourada.

- **Terceiro:**
  O RAIO AZUL — O FOCO DO PODER. Da garganta emana o RAIO AZUL que dá a precipitação, sua força, durabilidade e habilidade para manter-se inalterável à desintegração do mundo exterior.
  Essa realização é simples como a respiração, porém necessita ser feita em ordem sucessiva.

Terceiro Raio — Rosa

Amor — Artes — Beleza da Inteligência Ativa

O terceiro Raio representa a parte feminina de Deus, que é o AMOR, é a força magnética da Chama Rosa do Amor Divino. Significa o Amor e a Atividade do Espírito Santo. Esse Raio fornece a substância fundamental de toda atividade, pois o amor é suficiente em si mesmo e sua natureza é coesiva. Dessa força emanam os outros quatro Raios, para qualificar a atividade da força do amor. O rosa em seus vários matizes, desde o pálido até o magenta, é empregado para penetrar onde a força absoluta poderia abalar o indivíduo. Fragmenta padrões que obstruem o amor interior ou amor a si próprio. É melhor utilizado ao redor de pessoas zangadas ou cheias de ódio, para induzir a atividade do Eu Sou, que é o amor.

O terceiro Raio é o harmonizador, o magnetismo do Amor Divino, pois o primeiro Raio representa a Vontade Divina; o segundo, a Iluminação e Sabedoria Divina, sendo assim os três Raios completam a tríplice atividade da Chama Trina que habita em cada coração humano, é essa a nossa semelhança com Deus, que nos transforma num ser Divino capacitando-nos a sermos criadores de modo igual a Deus, e esta Chama é conhecida como a Chama da Liberdade, que dinamiza o bem que existe em cada um de nós e rege árbitros, artistas e pacifistas.

O Diretor ou Chohan deste Raio é a nossa Bem-Amada Mestra Ascensionada Rowena (de Vênus). Ela é Raio Gêmeo do Mestre

Vitória que tem Seu Templo localizado no plano etéreo, sobre a Inglaterra. De suas reencarnações como São Patrício, um Santo muito venerado naquele país, muito pouco se tem salientado sobre os seres pertencentes a esse Raio.

O Templo do Foco de Luz da Mestra Rowena situa-se no sul da França em um enorme Castelo, é um maravilhoso santuário; na entrada há uma placa em que está escrito "Chateau Liberté". (Castelo da Liberdade.) Este Foco de Luz é conhecido como Chama da Liberdade e é rico pelas obras de arte, de todos os gêneros, foi transladado para esse local antes da queda do continente da Atlântida. Os seus jardins são enormes, magníficos e contêm grandes variedades de rosas, mas ao entrarmos no átrio deste magnífico Templo existe um corredor todo em espelho, semelhante ao Palácio de Versailhes, que o Nosso Bem-Amado Saint Germain tirou como modelo da Casa da Liberdade.

A entrada contém duas alas enormes, em arcadas contendo em cada uma delas uma figura de pomba dourada sobre um fundo branco. Nestas alas encontraremos belíssimos espelhos e pinturas criadas por Paolo Veronese. Os Arcanjos estão situados três na esquerda e três na direita e o que mais impressiona são as cores, a do Arcanjo Miguel pintado em azul, nos vários tons elétricos na cor de seu Raio: Ezequiel em púrpura; Rafael em verde; do outro lado, Jofiel em cor ouro; Gabriel em branco e Uriel em rubi e dourado. No fim do corredor, em frente ao arco do átrio reproduzida numa tapeçaria em seda, cor de rosa cintilante, a figura do Arcanjo Samuel em tamanho natural. Essa tapeçaria indica a entrada para a sala da Chama da Liberdade. No altar, vemos o Fogo Sagrado; no centro, na mão simbólica de Maha Chohan segurando a Taça de Ouro onde flameja a Chama da Liberdade nas cores azul, dourada e rosa. Neste majestoso altar vê-se um quadro do Bem-Amado Maha Chohan com uma pomba junto ao seu peito, em sua cabeça uma auréola de Luz Rosa, com nuanças e lampejos dos demais raios. Isto porque Paolo representa atividades, dos demais Chohans, que são sete.

Essa sala é toda de cristal lapidado, sendo a decoração com cadeiras francesas, em filas de sete por sete, formando um corredor no meio. Nesta maravilhosa sala nós podemos admirar entre as inúmeras obras do Mestre Paolo um quadro em tamanho natural do Mestre El Morya, na cor azul-safira; de Kuthumi, em dourado, outro seu próprio em cor de rosa, outro de Mestre Serapis Bey, do Mestre

Hilarion, do Mestre Jesus, e outro de Saint Germain; cada quadro foi pintado na cor pertencente ao seu Raio.

Nesse Templo foi erguido por Arcanjo Samuel e seus Anjos de adoração uma ante-sala para os discípulos, onde a Chama da Liberdade entra em ação para com todos que estão receptivos, agindo em suas consciências, assim todas as criaturas recebem uma resposta às súplicas que formularam.

Procurai sentir em vossos corações a poderosa CHAMA TRINA da eterna verdade, entrai em contato com Ela, acredite com fé. Ela realizará os vossos desejos.

Ensinamento do Mestre Djwal Khul
Mestre Tibetano

Representante do Espírito Santo em nosso Planeta Paolo Veronese (Consola-Dor)

Caríssimos discípulos da Luz, o cargo de Espírito Santo deste Planeta é de Consolador (Consola-dor) da humanidade, em que o amor irá manifestar a SI Próprio. Esta Força da Divindade recebeu o mínimo de atenção na Era que acabou de passar. Os discípulos da Luz sabem há muitos anos que Eu assumi este cargo, no qual Sou responsável pelo Reino Elemental e por toda a Energia associada com o Planeta. Faço parte da Terceira Pessoa da Trindade (a Natureza Feminina da Divindade). O Princípio Materno é responsável pela atmosfera do Planeta, que o Princípio Paterno trouxe à Criação. Referimo-Nos a ambas atmosferas: à física (incluindo Reino Elemental e seus espíritos invisíveis: gnomos, fadas, ondinas, silfos, salamandras, etc.) e à Atmosfera Espiritual, com as Qualidades das Esferas Celestiais em volta do Planeta (encarnadas ali pelos Anjos e Hostes de Luz). Esta é a razão por que a Era do Espírito Santo irá trazer à humanidade muito maior compreensão e comunhão com o Reino Elemental e o Reino Angélico, resultando na Fraternidade dos Anjos, Elementais e Humanos. À medida que a humanidade vai conhecendo os Elementais, os Anjos, irá conhecer também seu Deus-Mãe, o Espírito Santo em Ação, que cria a atmosfera física e espiritual do Planeta; que cada qual preencha com as Qualidades da Divindade.

A Natureza Feminina da Divindade deve ser descoberta dentro de cada um dos Portadores da Luz, que trouxeram a si mesmos a plena união com Deus-Pai e Sua Vontade, que flui por meio deles (o reino Masculino dos Cristos). O fluxo de Luz do "EU SOU" deve ser livre da restrição da vontade humana, da personalidade, lugares, organizações e circunstâncias. Mais ainda, isto deve ser logo exemplificado pelos grupos esotéricos, constituídos pelos Portadores Luminosos de todos os Caminhos da Luz, que vieram se graduando na Era do Raio Masculino, em plena União com seus Cristos Internos; foi o que o Mestre Jesus nos ensinou: O Reino do Céu está em vós!

Entrai, entrai, entrai, sinceramente dentro de seus corações até que encontreis nele o próprio Deus "EU SOU" como o Mestre do Cajado diz na última mensagem: "Vós podeis levar toda a vida com a Bíblia nas mãos, e não se aproximarem, entretanto, nem um bilhão de milhas mais perto de Deus".

Bem-Amados discípulos, agora Eu gostaria que todos desejassem manifestar o Alvorecer do Poder do Espírito Santo nesta Nova Era Aquariana representando e manifestando as Qualidades de Deus Mãe: Harmonia e o Incondicional Amor Divino. Por este Ser Crístico do Raio Feminino em escala planetária fluirão as dádivas do Corpo Causal dos Deuses-Pai e o Espírito Santo em Ação, e assim serão ministradas no Planeta com a plena Força da Mente de Deus.

Mensagem de Paulo Veneziano

Samuel é o Arcanjo do terceiro Raio do Amor, Adoração a Deus, o seu amor infinito envolve toda a humanidade e o Planeta; seu Complemento Divino, a Mestra Caridade.

Essa Virtude Divina do Arcanjo Samuel é que origina o sentimento de amor e gratidão nos corações de todas as emanações de vida, anjos e nos seres elementais desenvolvendo o amor e o respeito pela vida. Seu grande atributo é manifestar o amor para que todos possam reconhecer da Grande Causa Universal este sentimento que desperta a Natureza Divina, ainda adormecida em todo coração humano.

Procurem em seus apelos a manifestação do amor em vossos corações, pois sem amor nada pode se manifestar em vossas vidas. Procurai entrar em contato com o Templo do Arcanjo Samuel para

que a Chama da Adoração possa se manifestar sobre o nosso Planeta e em todos vós.
"LOUVAI E ADORAI AO SENHOR! Louvai e Adorai a Deus no Seu Santuário, Louvai-O e Adorai-O no firmamento do Seu Poder! Louvai-O e Adorai-O pelos seus atos poderosos e conforme a excelência da Sua grandeza."
Meus amados discípulos, todo iniciante da Luz deveria, pelo menos uma vez por dia, fazer um inventário de sua consciência e verificar onde faltou o amor em sua vida. Como São Paulo na Carta aos Coríntios, no cap. 13, do vers. 1 ao 13. Ele diz: "Posso ter fé de mover montanhas, posso ter o dom da palavra, posso ter todo conhecimento da vida, posso até dar o meu corpo para ser queimado, mas se Eu não tiver amor, nada me valeria. O amor é tudo". Eu recomendo ainda: "adorai na vossa Fonte a Chama rosada que trazeis em vossos corações, aí estareis em união com Deus".
Oh! Quanta bem-aventurança experimentareis quando conseguirdes entrar no centro dessa Chama Rosada! A gratidão, o amor, a benevolência e a brandura farão desaparecer as rugas de vossos rostos, a expressão severa de vosso olhar, o desconforto e a pobreza de vossas vidas! Estas bênçãos serão concedidas a vós se empregardes freqüentemente a Chama da Adoração, que vem a ser o coração e o espírito do Meu Complemento Divino, a Deusa Caridade. Eu vos abençôo na Chama da Adoração.

Mensagem do Arcanjo Samuel

Elohim Órion

EU SOU ÓRION, Elohim do Amor – daquele Divino Amor que é a origem de cada sol e galáxia do Universo, cada estrela e planeta, cada forma, desde o mais imenso Sistema Solar ao mais minúsculo elemental e átomo pertencentes a este Planeta.
O AMOR DIVINO é uma qualidade positiva e jamais negativa. Eu venho para a atmosfera da Terra nas asas do Divino Amor, trazendo sa concentrada CHAMA deste AMOR. Esta Chama tem sido o magnético poder coesivo e mantenedor da Terra que está sob vossos pés, de todos os corpos físicos que estão em funcionamento e de qualquer manifestação formal que observais.

As formas, no meio das quais vos moveis, levam uma parte do Meu Ser, são agregadas pela Chama de Meu Amor, porque, se o AMOR DIVINO (que é a própria coesão) cessasse de existir, tudo no Universo retornaria ao informe, tornar-se-ia parte da vida primeva, novamente.

Os homens nada sabem a respeito daquilo que carregam em si, escondido, profundamente naquele plano que a ciência chama de "mente subconsciente". É o plano onde estão guardadas as recordações de cada experiência encarnatória, desde o primeiro dia em que as emanações de vida "perderam o Estado de Graça", até o momento presente. Muitas vezes, os seres habitantes do Reino da Liberdade Divina, que cuidam e dirigem o destino dos MOVIMENTOS MUNDIAIS, OBSERVAM, ADMIRADOS, O TRABALHO PACIENTE DOS GLORIOSOS Construtores da Forma, que tentam aproveitar e tecer novamente as substâncias débeis, com cicatrizes e feridas abertas nos corpos etéreos dos homens. Contudo, para que o Plano Divino seja completado, certas emanações de vida são reunidas, todas aquelas que carregam a lembrança de passadas inimizades entre si. Sempre o Plano Divino oferece nova "chance" para que tudo volte à normalidade, à harmonia, pelo perdão e amor.

Algumas vezes, a simples proximidade desses indivíduos (mesmo os que já trabalham no Serviço Divino) torna a provocar uma antipatia mútua, quase similar àquela que causou o choque original. Então, as antigas cicatrizes parecem reviver uma vez mais no corpo etéreo. Isso traz de novo (para a prova do amor) à manifestação os sentimentos de rebelião, os ódios do passado, que haviam destruído o companheirismo entre aquelas emanações de vida e enfraquecido os laços que deveriam ter ligado seus corações com um esplendoroso AMOR.

Saibam que não havia males como doenças, decadência física ou decomposição antes que a humanidade houvesse perdido seus sentimentos de harmonia. Decomposição, apodrecimento, tudo aquilo que também é desagradável no Reino da Natureza surgiu porque a característica do ELOHIM da PAZ (tranqüilidade) não estava manifestada na forma, como na ocasião em que foi criada. Observai as magnificentes casas, templos e cidades que no passado expressaram as energias criativas e mentais do homem, hoje são ruínas decadentes. Continentes inteiros sumiram ante os olhos dos homens, para o fundo das águas oceânicas, porque as atividades finais da Precipitação Criadora (Paz e Harmonia) não foram sustentadas!

Foi o AMOR que estimulou Moisés a conduzir o relutante povo de Israel da escravidão egípcia em busca da "Terra Prometida". Na Galiléia, foi o AMOR que levou um jovem (como um corpo de uma perfeição ainda não vista desde que veio à manifestação física o Plano para a Terra) a desejar colocar esse corpo sobre uma cruz, submetendo-o à Crucificação.

SEM AMOR NADA É PERMANENTEMENTE REALIZADO. Sem ele, a mais bela visão permanecerá apenas o tempo em que dura uma nuvem de vapor.

O AMOR É A CONSTÂNCIA MANTIDA EM CIRCUNSTÂNCIAS E ATIVIDADES ÁRDUAS, QUANDO ELAS SE FAZEM NECESSÁRIAS NO MOMENTO.

Onde e quando quer que desejeis usar e expandir as atividades do AMOR DIVINO: adoração, magnetização e gratidão à Vida — "EU SOU" vosso servo!

Oh! Divina Presença EU SOU, a Imaculada Energia do Pai, presente em todos corações humanos, nós vos adoramos e glorificamos.

Vós sois a nossa inteligência e a única substância de toda vida, manifestai a Vossa Luz, Vosso Amor Puro, para que possamos iniciar nossa caminhada na trilha da Luz. Invocamos as Ascensionadas Legiões do Raio do Amor, Artes e Beleza, da Inteligência Divina, a Mestra Rowena, Deusa da Liberdade, Arcanjo Samuel e seu Complemento Divino Caridade, Elohim Órion e seu Complemento Divino Angélica e a todos os seres que manejam a Chama Rosa do amor. Estamos enviando nosso amor e suplicamos do fundo dos nossos corações! Envolvei todos nós na Vossa Chama Rosa do Amor, para que possamos ser canais desta energia para todos. Nossa eterna gratidão EU SOU, EU SOU, EU SOU.

Quarto Raio — Branco Cristal

Pureza — Ressurreição — Ascensão — Esperança

Esse Raio envolve a Chama Branca da pureza, ressurreição, ascensão, esperança, conceito imaculado, alento sagrado para cada emanação de vida. O Mestre Ascensionado deste Raio é o Chohan Serapis Bey que dirige a Chama da Ascensão de Luxor, que fica situada no Egito.

A todas Emanações de Vida que queiram seguir o caminho do discipulado é exigido manter a pureza do Plano Imaculado, por isso o discípulo tem que galgar cada degrau, para atingir a ascensão.

Eu, Djwal Khul, vos menciono que este Raio parece produzir um equilíbrio semelhante às qualidades descritas no Oriente como rajas (atividades) e tamas (inércia). A pessoa que ainda não é espiritualizada vive em combate mortal entre essas duas energias até alcançar a infusão da alma. Exemplos desse tipo: Michelangelo e Pablo Picasso; eles eram grandes artistas, mas não tinham equilíbrio nos aspectos mental, emocional e da alma, o que os tornou extraordinários num nível, mas desequilibrados em outro, por isso o Nosso Bem-Amado Serapis Bey exige do discípulo que iniciou o caminho do discipulado uma rigorosa disciplina equilibradora.

O quarto Raio é a ligação entre o reino interior da perfeição e a manifestação com o Plano Divino no mundo da forma, é a esfera onde permanece o Santo-Ser-Crístico até que a Emanação de Vida seja capaz de sê-lo aqui no Planeta. O grande Elohim da pureza manifesta a Sua virtude e com este raio Ele mantém o Plano Imaculado de evolução da Terra e de cada Emanação de Vida, e quem atrai a Chama da Ascensão por meio do Raio Branco é o Arcanjo Gabriel. Todas as pessoas deste Raio têm o talento artístico na arquitetura, pintura, escultura, canto e música. Exemplos: Mozart, Chopin, Franz List, Beethoven, Picasso, Michelangelo, Leonardo da Vinci e muitos outros e também suas virtudes especiais são suas afeições fortes, como a simpatia, a coragem física, a generosidade e a agilidade intelectual e perceptiva.

Ensinamento do Mestre Djwal Khul
Mestre Tibetano

Afirmação da Chama da Ascensão

Amado Mestre Ascensionado Serapis Bey, nós Vos amamos e Vos abençoamos.

Agradecemos pela Amada Chama da Ascensão, que é o Caminho ao Lar, tanto como para nós como para toda a humanidade.

Em nome da Amada Presença Divina "EU SOU" em nós e em toda a humanidade apelamos por Vós, Serapis Bey e por toda a Vossa Fraternidade da Ascensão, Mantenha a CHAMA DA ASCENSÃO flamejando, flamejando, flamejando através de nossos corpos, emocional, mental, etéreo e físico, por nossos lares, negócios, finanças e interesses. Deixai por meio de Vosso impulso e poderosa ação ascensionar tudo em nossas vidas, em amor, felicidade, abundância, saúde, vitória e perfeição, e mantende isso por toda eternidade.

Acrescentai ainda a glória da nossa Ascensão, quando terminarmos na Terra o nosso trabalho. Mantende a Chama da Ascensão flamejando, por toda Vida que se desenvolve aqui na Terra, para que em toda parte haja a Perfeição Divina.

Que assim seja, Amada Presença EU SOU.
EU SOU A RESSURREIÇÃO E A VIDA
DO PLENO ENTENDIMENTO DA CONSCIÊNCIA
CRÍSTICA MANIFESTANDO-SE AGORA.

"EU SOU um dos Membros da Grande Hierarquia, os quais são todos servos de vossa Luz. Sede abençoados no poder e na pureza!" O uso exato da Lei da Vida, a disciplina no próprio ambiente de vivência, a pureza do ser externo ainda continuam em Nossa pauta de estudo. E como cada discípulo necessita desenvolver estas qualidades, sois convidados a comparecer ao Nosso Templo tantas vezes quantas desejardes.

Quando dizem que EU SOU um Mestre severo, não vos deveis influenciar, pois o Meu coração transborda de amor a todo discípulo anelante, e cada esforço de sua parte encontra, aqui em Luxor, nosso reconhecimento. Vós sois cientes da grande responsabilidade que cada discípulo da Luz assumiu.

A disciplina tem, como finalidade, servir e reforçar-vos para que o vosso trabalho jamais seja um lastro pesado, visto que ele exigirá vosso próprio desenvolvimento, de modo que estais, na face da Terra, como um Foco de Luz irradiante, oferecendo aos homens apoio e equilíbrio, auxílio e firmeza.

Portanto, apresentai-vos e assumi vossas tarefas com espontaneidade. Elas servem para o vosso progresso. Fostes classificados como "CANDIDATOS À ASCENSÃO". Zelai para serdes dignos desta honrosa designação e levai a bênção da Chama Sagrada ao vosso mundo externo, que muito necessita de ajuda. Meu amor e minha assistência aliviarão vossa permanência na face da Terra e Eu espero de cada um dos candidatos um trabalho frutífero.

Na Chama da Ascensão estão presentes a força de expansão e também a alegria de todos aqueles que vos antecederam neste caminho, alcançando a sua meta. Esta força está à vossa disposição; ela vos ajuda a vencer este último trecho de vosso caminho e a galgar os degraus da Divina Escada que estão ante vós. Com prazer, livremente, forneceremos esta Força Ascensora para cada discípulo da Luz se candidatando à ascensão, ele deverá receber aprovação plena nos exames dos Sete Templos, deverá alcançar a completa abnegação da alma, coração e espírito, e sentir desejo de cooperar, com seu trabalho, para que seja feita a vontade de Deus.

- **Primeiro Templo:**
O iniciante ao caminho do discipulado é sempre conduzido pelo seu Mestre a fazer a Vontade Divina, e assim unir-se ao EU SOU. Este primeiro Raio está bem ativo atualmente, e em breve, o jovem iniciado será treinado para assumir algumas incumbências de El Morya que é de viver para fazer a Vontade Divina, eliminar a rebeldia, dissolver as limitações e vicissitudes da vida; este Raio é catalítico, purificador e modificador. Os que trabalham com ele lidam com uma energia muito intensa, são escolhidos exatamente por causa da habilidade em trabalhar com energia e devem aplicá-la, sempre permanecendo harmoniosos, pacíficos e edificantes.

- **Segundo Templo:**
Os discípulos que conseguiram passar para este Templo são orientados pelo Mestre Lanto. É ensinado aos discípulos a aplicação de Lei e assim de desenvolverem a sabedoria sobre a Lei de Causa e Efeito (Carma) e que possam levar este conhecimento para todos. Mas antigamente era regido pelo Mestre Kuthumi, mas hoje Kuthumi assumiu junto com o Mestre Jesus o cargo de Instrutor do Mundo. Ele é também chamado de Chohan ou Senhor do segundo Raio, o raio dos grandes instrutores do mundo.

- **Terceiro Templo:**
Os discípulos são conduzidos a esse Templo onde serão orientados pela Mestra Rowena a aprender a conviver com todas as emanações de vida, com enormes fardos cármicos e que guardam muitas mágoas, rancores e ódios. Pelo poder do amor os discípulos aprendem a dar aos outros a beleza e misericórdia que receberam de Deus. Nesta dádiva de caridade e beleza não há perda alguma, mas sim um justo intercâmbio entre as emanações de vida, que são enobrecidas pelo mesmo amor que Deus É.

- **Quarto Templo:**
O número de discípulos é o menor que passa pelo Meu Templo, lastimavelmente não estão preparados para cum-

prir uma ordem que não são capazes de entender, e aqueles que conseguem, aprendem a desenvolver a pureza e se envolvem cada vez mais com o seu Santo-Ser-Crístico. Isto vai trazendo ao discípulo a brancura da eternidade, e com isso vão se apagando as imagens pecaminosas do passado, e se libertam de todas vaidades nas quais estavam envolvidos, assim permitindo às forças positivas fluírem livremente na forma de bênçãos a toda vida, na ressurreição de todas as coisas boas.

• **Quinto Templo:**

Os discípulos que passam por este Templo são levados pelo grande Hierofante Hilarion, a iniciação como sacerdotes e sacerdotisas da Chama Verde. Os discípulos ao iniciarem desenvolvem a consciência do amor incondicional. A presença dessa qualidade se deve ao fato de que o Quinto Templo tem acesso ao corpo mental superior, que é o reino da alma, e com isso vai trazendo aos discípulos o espírito da justiça, o bom senso, probidade, independência, intelecto aguçado, devoção, simpatia e mentalidade aberta. Deste Templo os discípulos serão levados ao Templo da Adoração, terão que servir por tempo indeterminado.

• **Sexto Templo:**

Os discípulos iniciarão como sacerdotes e sacerdotisas que servem somente na pobreza, deixando aqui todos os seus mantos e vestes de seda, jóias, ornamentos e o cetro do poder, são todos despojados de seus bens e voltam para o vosso plano, trajados como pobres e seres muito humildes para o mundo da forma. Temos como exemplo de discípulos deste Templo o nosso Bem-Amado Jesus e (Kuthumi) São Francisco de Assis; Eles tinham a alma, mente e personalidade deste Raio. Esta missão é uma das mais perigosas, muitas vezes vos perdeis e a desolação vos domina, envolvendo vossos sentimentos, mas isto faz parte do desenvolvimento, aqueles que conseguem desenvolver as virtudes da força, o auto-sacrifício, a pureza, a verdade, a tolerância, a serenidade, o equilíbrio e o bom senso, sentem uma enorme felicidade e voltam novamente.

• **Sétimo Templo:**
Os discípulos retornam a este Templo trazendo a colheita dos serviços prestados ao mundo e direcionadas para o departamento do sétimo Raio do Fogo Violeta dirigido pelo Mestre Ascensionado Saint Germain. Os seus campos de energia totalmente purificados, estando preparados para fazer a Vontade de Deus, se tornam um Archote Luz, sem mácula e egoísmo, aprendendo a viver no mundo terreno ingressando em muitas iniciações, julgando os seus sucessos e fracassos, sem auxílio de um Mestre, permitindo a atuação da voz interna do seu coração e aprendendo a desenvolver mais Luz para assim atingir o mestrado e conseguir conquistar a liberdade. Ao terminar esta reencarnação, será conduzido por Mim para receber a ascensão dos Meus braços e de Meu coração e atingir a plenitude.

Mensagem do Mestre Serapis Bey

O quarto Raio da Chama Ascensão tem sido raramente examinado na totalidade de seus efeitos sobre a natureza do desenvolvimento Espiritual da Humanidade. Tem sido usualmente associado à elevação da consciência, em sua subida para os Reinos de Luz. Obviamente isso é muito importante e foi muito evidenciado durante a maior parte dos últimos séculos, quando a ascensão espiritual dos homens era um assunto totalmente individual, muitas vezes realizado isoladamente. Contudo, muitas coisas mudaram, e Nós estamos agora no limiar em que os homens vêm juntos, em seu caminho espiritual coletivo, elevando desse modo a vibração de todas as diferentes culturas, raças, religiões e instituições sociais, dentro de uma grande tapeçaria de pacífica concordância, dentro da diversidade individual contida nesta Divindade coletiva. Assim como é em cima é em baixo, pois isso delineia o dia-a-dia dos Seres Ascensionados e Cósmicos nos Reinos de Luz.

Tudo em volta de vocês mostra os sinais mundiais dessa mudança. Vêem mais reverência por toda a vida expressada por seus companheiros, nações e pelo Reino Elemental. Este processo é acelerado pela Chama da Ascensão expandindo a extensão do amor neste Planeta, ser a ser, tanto quanto elevando este amor, até que se fundam na quarta esfera e removam para sempre "o véu entre os dois" – revelando Deus e os homens como um só.

Enfatizai esse aspecto de Chama Ascensão no Padrão Eletrônico e nas Afirmações Respiratórias. Usem as dádivas do Espírito Santo para energizar e expandir o Trabalho Sagrado da Chama da Ascensão. Designei especialmente um irmão e uma irmã do Meu Templo para estar com vocês supervisionando, acelerando e protegendo seus esforços, tanto individualmente quanto em grupo. Isto irá ajudá-los como um único Ser de Luz na quarta esfera, sempre expandindo a extensão dessa experiência dentro da vida diária das pessoas. Venham conhecer esse Padrinho Ascensionado, um amigo próximo e querido, que não tem outra atribuição senão adiantamento individual e coletivo de vocês, e a Vitória da Nossa Meta comum para este Planeta.

Dessa forma começarão a entender a plenitude da natureza do amor da Chama da Ascensão — que deseja que Toda Vida conheça a plenitude da Consciência Divina, desde o Centro do Sol ao centro de cada átomo, célula e elétron que evolui no Reino de Deus. Esta é a natureza do amor que trago em cada fibra de Meu Ser e do Meu Complemento Divino Esperança.

Ensinamento do Arcanjo da pureza Bem-Amado Gabriel

"EU SOU" o Elohim da PUREZA! 'EU SOU' o Guardião do Plano Imaculado para esse doce Planeta, assim como o sou para todo Universo. "EU SOU" também o Guardião do Plano Imaculado para vossa própria Individualidade Divina, que é moldada com a substância do Fogo Branco e vive no Reino da Divina Liberdade. Ela é o vosso Modelo de Perfeição, originalmente criado pela Divindade, e essa Individualidade, em toda a Sua Perfeição, é a DIVINDADE QUE VOS TORNAREIS ALGUM DIA. "EU SOU" também a Chama da Pureza do Cristo Cósmico, uma atividade natural de vossa própria vida, procura do qual não precisais ir longe.

Bem-amados, vamos considerar a Luz eletrônica por um momento. Se pudésseis deter um eléctron, quando ele estivesse percorrendo o Universo, parar quando passasse do coração de vossa presença para o vosso coração físico, veríeis que aquele eléctron portava para dentro de si toda a natureza da Divindade, todo o Seu Poder, toda a Sua Majestade, TUDO O QUE HÁ DE DIVINO CONTIDO NO DEUS PAI-MÃE, UM ELÉCTRON NUNCA PODE SER CONTAMINADO, PORQUE A CHAMA DA PUREZA DO CRISTO CÓSMICO VIVE DENTRO DE CADA UM DELES. No decorrer de um simples segundo, milhões e milhões desses minúsculos eléctrons são, literalmente, arremessados do coração físico para o vosso mundo exterior.

Bem-amados amigos, assim como vos tem sido dito várias vezes pelos Seres de Luz, A AÇÃO DESTA LEI É MECÂNICA. Ela é positivamente uma Ciência de Vibração. A velocidade com que os eléctrons se movem em torno do núcleo central de cada átomo, no vosso corpo mental, é determinada pelos pensamentos de pureza e expandem o Bem de Deus para o Seu Universo; a ação vibratória dos eléctrons em vosso corpo mental é rápida, e reduz a pressão da massa de formas-pensamentos de destruição, que flutuam na atmosfera da Terra. Este Planeta manifesta-se, agora, bem abaixo do Plano e Modelo Divinos que Eu conservo nos Níveis Internos E QUE ESPERO VER RESTABELECIDOS NA TERRA. Assim, é uma grande alegria saber que, em algum lugar deste Planeta, existem aqueles que desejam ver manifestado o Plano Imaculado, para eles próprios e para seus companheiros de evolução, aqueles que anseiam rejubilar-se com o Deus da Criação, quando a Perfeição desse Plano Divino novamente se manifestar.

Bem-amados, a PUREZA é uma questão de SENTIMENTO, DE CONSCIENTIZAÇÃO, de IRRADIAÇÃO. Nos dias que se aproximam, quando a atmosfera da Terra e da humanidade estiver mais purificada do que nos dias atuais, o véu humano será descerrado e todos serão capazes de ver as coisas reais atrás das aparências ilusórias. Então, serão espontaneamente revelados ÀQUELES QUE SÃO PUROS E ÀQUELES QUE NÃO O SÃO! Não mais autopresunções ou zombarias esconderão ou iludirão os que são realmente puros em seus corações.

Eu vos observo e esforço-Me para vos ajudar a conservar esta Luz que vos interpenetra.

Boa manhã e bênçãos Divinas de Meu Coração!

Mensagem Elohim da pureza de Claire

Quinto Raio — Verde

Verdade — Cura — Prosperidade — Dedicação

No tempo do continente Atlântida, antes do caos submergi-lo pelo Oceano Atlântico, a maioria dos sacerdotes e sacerdotisas da Ordem da Magia Branca teve a responsabilidade de levar para os outros países todos os ensinamentos da Verdade Divina, e um dos incumbidos de levar este conhecimento foi o Mestre Ascensionado Hilarions, que nessa época não era ascensionado, era apenas um iniciado e se encontrava no grupo a que foi confiada a Chama da Verdade. Esse grupo navegou rumo às Ilhas Gregas, desembarcou na Ilha de Creta, onde os devotos da verdade erigiram o Templo da Verdade.

O Mestre Ascensionado Hilarion tinha um gênio muito forte, até se desequilibrava, pois só admitia a verdade, e Ele teve grandes testes nas suas reencarnações até atingir sua Ascensão, veio como Paulo de Tarso na época de Jesus, para aprender dolorosamente o mal que uma pessoa pode causar a outra quando tomada por indignação, embora Ele achasse que estava procedendo com justiça, baseado somente em testemunhos e argumentos que eram falsos, e com isso perseguia os cristãos até ser convertido pelo Mestre Jesus que mostrou o caminho da verdade. Depois, reencarnou como cardeal Lutero, que revolucionou o cristianismo na Alemanha, foi excomungado pelo Vaticano no século XIV, por querer publicar o Evangelho no idioma de seu país, para que todos pudessem conhecer a verdade de Jesus, o Cristo. E, por fim, veio como Mestre Hilarion; nesta encarnação Ele jurou, após Sua Ascensão, proteger e prestar auxílio a todas as pessoas que são perseguidas e são vítimas de falsos juramentos.

Hoje, é o atual Guardião da Chama da Verdade e da Ciência, assumiu como Chohan do quinto Raio seu Templo da Verdade. Este Santuário foi construído com a réplica da Catedral de Atlântida, sobre uma elevação, e antes de subir se avista a preciosa escadaria de mármore de quatrocentos degraus, toda adornada de grandes colunas com imagens de seres angelicais, ostentando belíssimos mantos com as cores dos Sete Raios. Estão também colocados buquês de flores cintilantes (como os ornamentos que são usados na época natalina). Na entrada do átrio, nos encantamos com o altar enorme, que fica elevado mais de trinta metros. As pontas do altar são feitas de colunas todas esculpidas, e há um trono totalmente em ouro maciço, do tipo dos antigos tronos persas. Acima do altar, piras de ouro, onde estão acesas as Chamas da Verdade. Este maravilhoso Templo foi criado em honra da Deusa Palas Atena, Deusa da Verdade. Milhares de anos atrás este Templo era dirigido pela Deusa-Mãe Vesta. O Partenon foi construído 450 anos antes de Cristo por Fídias, que hoje é o Nosso Bem-Amado Mestre Ascensionado Serpis Bey.

Para poder atuar com mais intensidade na Chama Verde, da Verdade e da Cura, o discípulo tem que entrar em sintonia com a Divina Presença EU SOU, e neste momento Ele entrará em contato na Radiosa Presença de um dos Mestres da Verdade, assimilando a irradiação da sua característica e sua elevada vibração o levará até os Membros da Fraternidade de Creta, todos vestidos em um branco cristalino, e ostentando um belo bordado que produz uma antiga lamparina no peito; este símbolo significa a busca da Verdade, que pertenceu à Fraternidade de Diógenes no ano 412 A.C., na época em que o Mestre Hilarion era presente e firmou um compromisso sob juramento, por toda a irmandade. Todos os grandes Mestres e Dirigentes Religiosos do nosso Planeta pertencem a esse Templo, retornando depois para o nosso mundo, trazendo o reflexo da Luz, da Verdade e da Cura para o nosso campo de influência.

Todos os médicos, enfermeiros, irmãs de caridade e todos os que prestam serviço são levados a este Santuário, conscientes ou inconscientemente que empregam sua habilidade e tempo à clínica em que exercem atividades, pois esta é a escola das mais antigas incumbida de instruir todos os discípulos sobre a Verdade, e o modo de captar a energia do Universo e a desenvolver e atrair os raios de luz e a dirigi-los para o objetivo visado, à criação ou à dissolução de determinadas causas ou condições, de acordo com a Mente Divina.

Meus amados, o Raio Verde é enriquecedor, preenche todas as carências do homem, utilizai-o com muito amor. EU SOU EU SOU EU SOU!

Mensagem do Mestre Djwal Khul
Mestre Tibetano

A realização de vosso Plano Divino determina qual caminho deveis seguir. Cada buscador da Luz traz esta determinação e todas as etapas sobre este Caminho estão pré-assinaladas.

A Fraternidade da Luz precisa deixar isso acontecer, pois Ela somente poderá intervir para evitar o pior. Vós, discípulos, podeis ter certeza de que muitas vezes houve intervenção. Do contrário, a humanidade já teria deixado de existir. Entretanto, aquilo que a humanidade precisa aprender por meio do esforço próprio Nós não podemos e nem devemos afastar. Ela precisa descer até a profundeza dos males que criou, para emergir deles em uma situação vitoriosa. Estamos ao lado de todo discípulo de boa vontade que se esforça em acatar as Leis da Vida, e cada pessoa ou discípulo que consegue ultrapassar a etapa é notado.

Observando os discípulos da Luz, daqui da esfera interior, eles se assemelham a pequenas torres iluminadas que se destacam em um mar nebuloso, projetando-se ao infinito. Imaginai a expansão destes faroletes, elevando-se ao Reino da Luz. Neste Reino, eles recebem a alta freqüência vitoriosa, para atraí-la à atmosfera nublada da Terra. Sede vós, também, faroletes que iluminem o mundo em volta de vós, provendo-vos com o alimento espiritual.

Trago-vos a bênção da Chama da Verdade; portanto, deixai vosso farolete irradiar-se, iluminado com a Chama Verde da Verdade, proporcionando aos homens o conhecimento que tendes para dar como instrução e orientação, a fim de que eles possam reconhecer o caminho real do progresso e rechaçar o sentimento e pensamento egoísta, em prol do próximo. Várias tarefas semelhantes irão apresentar-se em vosso mundo. Vosso farol deve estar sobre uma base firme, um fundamento que resista ao mar tumultuoso.

Refleti sobre a aceitação dos ensinamentos que vos são transmitidos. Ancorai-os em vós, para que o próprio Ser possa ser reforçado, enobrecendo e elevando vosso caráter.

A Luz da Verdade traz à tona todos os vícios e fraquezas humanos. Desejamos ver nossos discípulos libertos destes males, como canais puros, pelos quais possamos transmitir Nossas forças e proteção.

O caudal de energia de Nosso amor preenche vosso coração. Constantemente ele vos traz força e ajuda para reconhecerdes, em tudo, a verdade que se apresenta em vosso caminho. Deveis exercitar vossa faculdade de discernimento e perscrutar a Verdade no coração das pessoas com quem necessitais entrar em contato.

O movimento em ascensão na vida de um discípulo da Luz requer longos períodos. Geralmente, o caminho que leva à Ascensão necessita de muitas existências, e vós, discípulos da Luz, peregrinastes, muitas vezes por ele; do contrário, não teríeis alcançado o ponto onde hoje vos encontrais. Sois portadores de certo grau de conhecimento e madureza. Contudo, para seguir o Plano de vossa vida, ainda há muito por aprender. Vosso "Serviço Prestado" atesta viva espontaneidade e isto é um grande passo dado. Assim, tornar-se-á mais fácil praticar aquilo que vossos Amigos da Luz vos ensinam.

Deixai que Eu vos esclareça algo sobre a divina substância da verdade pura:

> Visualizai os Raios Verdes da Verdade, penetrando em vós, Através do chacra da cabeça e iluminando, em especial, as células de vosso cérebro – vosso corpo físico e os invólucros sutis...

Inúmeras pessoas apelam à Verdade, pedindo um esclarecimento sobre suas próprias perguntas em relação ao verdadeiro caminho. Nestes Raios Verdes está a resposta. Apelai a eles, quando houver necessidade de esclarecer algo em vossa vida.

Seguidamente, observamos os discípulos da Luz para saber o que fazem com a força que foi conferida a eles, e Nos alegramos todas as vezes em que um derramamento de Luz — que consiste da essência de Nossa Vida — encontra um eco positivo. Mantende a Chama da Verdade firmemente ancorada em vós; ela vos servirá para reconhecer melhor vosso caminho. Ela atrairá a este a orientação perfeita, aquela de que necessitais para o próximo degrau de vosso caminho à Ascensão.

Vossos Amigos da Fraternidade de Creta oferecem, por amor, Sua acumulada energia da Verdade, para todo discípulo que se esforça em seguir as Nossas pegadas. Vede como é grande o interesse da Hierarquia Espiritual para cada pessoa que palmilha o Caminho da Luz; portanto, não nos deixeis esperar pelo vosso chamado. Nós vos daremos as forças necessárias, se fizerdes vosso apelo. Contudo, tende boa vontade, preparando-vos, criando condições favoráveis para receber a bênção do Raio Verde.

"Avante, Soldados de Cristo, é a melodia da Fraternidade de Creta; executai-a e dirigi vossa atenção e amor à Chama da Verdade e a Mim, Hilarion."

Mensagem do Bem-Amado Hilarion

Arcanjo Rafael da Cura e da Dedicação

Saúdo-vos do Templo da Cura sobre a Ilha de Creta, onde Sou um dos seres de Luz que trabalham junto do grandioso Arcanjo Rafael. Sua dedicação de vida foi quase sempre ao serviço da cura, nos gloriosos Templos de Luz e dos planos elevados da Perfeição Divina, em que Ele vive e extrai a essência sagrada dos Deuses-Pais Hélios e Vesta, os Pais do nosso Sistema Solar para a cura de toda vida. Ele é dirigente das escolas de treinamento de Suas Legiões de Luz e dos discípulos que têm interesse de trabalhar na Cura, e hoje já vemos um belíssimo trabalho tão nobre, no qual os discípulos estão usando suas forças curadoras.

O Arcanjo Rafael e Nós da Legião de Cura colocamos à vossa disposição Nossa Total Força qualificada. Aceitai-a e usai-a, pois não adianta só ter o conhecimento e não pôr em prática estes ensinamentos que são colocados em vossas mãos. Estamos prontos a auxiliar na vossa tarefa, de levar a Luz aos corpos e almas humanas e, com a Força Curativa restaurar a saúde. Mas muito cuidado, advirto-vos, como diz o Nosso Grandioso Mestre Saint Germain, em mensagem no Seu Livro de Ouro, no Capítulo XXI: "QUE EM NENHUM MOMENTO DEVE ALGUM INSTRUTOR (DISCÍPULO) COBRAR DINHEIRO POR ESTES ENSINAMENTOS, OS DISCÍPULOS PODEM DAR AS OFERENDAS AMOROSAS QUE DESEJAREM, PORÉM O PAGAMENTO COMO OBRIGAÇÃO FECHA A PORTA IMEDIATAMENTE DA NOSSA DIVINA PRESENÇA EU SOU".

Assim, gostaríamos de colocar ao vosso lado um Amigo de Nosso Templo; aquele que irá dedicar-se à vossa tarefa e que vos auxiliará a atrair as Forças Curadoras, direcionando-as aos locais necessários. Existem muitos infortúnios sobre este belo planeta Terra para serem aliviados e suavizados. O Arcanjo Rafael é o complemento divino da Bem-Amada Mãe Maria, que é mediadora do Conselho Cármico. Ela é a Dirigente Suprema do Ministério de Curas para a Terra. Mesmo assim, ainda são poucas as pessoas que Nos querem auxiliar. Nós podemos fazê-lo, porém precisamos de informantes da parte dos homens, por isso contamos com todos os discípulos.

Mensagem do Mestre Dixóphilos

Estou Me apresentando, Sou chamado de Arcanjo da Dedicação e Abnegação. Trabalho com as Legiões Celestiais, que junto com os caudais de Luz cintilante é que Nos unem ao mundo celeste. Mais forte se torna este laço de união, quando vossa consciência está receptiva e elevada. Por ela, Raio de Minhas atividades que são os mesmos do Mestre Hilarion e têm uma delicada cor verde, flui em vós, conforme vossa necessidade, o poder energético que serve a vós e ao vosso trabalho, provido com vossa energia para abençoar a vida, os médicos, enfermeiros, sacerdotes, irmãs de caridade, missionários, pastores, protestantes, irmandades religiosas, rabinos, voluntários, discípulos e iniciados que espontaneamente se dispõem a servir o próximo, estão sob Minha proteção e Meu Raio. Por isso é muito importante que todos vós mantenham vossa consciência em direção ao Alto; isto também é possível no decorrer do dia. Estareis em constante união com as poderosas forças irradiantes e tudo está à vossa disposição.

Vós, discípulos, fazeis pouco uso da energia que está ao vosso redor. Necessitais apenas dirigir-vos à Fonte de toda a Vida e isto deve ser feito por vós.

Temos dito inúmeras vezes que a Fonte de toda Vida jaz na Luz existente em vossos corações, e esta Fonte está ligada com a Grande Fonte Cósmica. A caudalosa energia da força vital não pode fluir a vós, enquanto não a requereis e não vos tornais receptivos. Estas são modalidades da Lei Cósmica e ninguém poderá infringi-las.

Amigos da Luz, sabemos que estais à espera da bênção e não é justo esperar em vão. Portanto, visualizais, descendo sobre vós, um cintilante dossel de cor verde que vos envolve. Ele traz em si as forças cósmicas da mais elevada vibração da Verdade pura e da força curativa. Tudo está contido nesta poderosa força energética da freqüência vibratória de cor verde. Visualizai-vos envoltos por estes raios, eles transpassam vossos invólucros inferiores, vossa substância física e penetram, profundamente, em vosso ser.

Aqueles de vós que se dedicam a servir recebem toda a necessária ajuda. A irradiação desperta vossas forças internas, de modo que sois luminosos canais receptivos para todas as coisas boas.

Vossos Amigos da Luz desejam oferecer-vos a Sua acumulada força da bênção e consagração. Sede receptivos e apelai por Eles. Novas forças, novos estímulos serão o resultado de uma freqüência vibratória mais acelerada, manifestando-se em vossa atividade terráquea.

Ensinamento do Bem-Amado Rafael
Arcanjo da dedicação — cura

"EU SOU" Vista, e o Meu Complemento Divino Cristal o "Olho que tudo vê" do Pai Divino. Eu e Cristal estamos vindo do Grande Sol Central (O Sol por trás do Sol, como ele é às vezes chamado), como um Mensageiro Cósmico, prestar o grande serviço que é realizado em cada temporada natalina, quando os caminhos entre as galáxias são abertos e as Grandes Portas de Ouro que limitam o Sistema Solar são abertas. Nessa ocasião, Grandes Seres que estão mantidos pela Coesão do Amor Divino dentro da órbita de certos planetas recebem liberdade, para transitarem entre os astros, sistemas, assim dedicando-se na glória das amizades cósmicas em um Serviço Universal. Posso explicar-vos um pouco o que isso significa, em relação ao vosso bastante limitado conhecimento da Ciência?

A gravidade da Terra mantém as formas físicas de vossa evolução sobre o planeta, durante o curso da encarnação. Por sua vez, a atração magnética também conserva aquelas emanações de vida não ascensionadas que, embora pertencentes a essa mesma evolução, não estão mais encarnadas. Essas últimas habitam a atmosfera de vossa Terra em diferentes níveis de consciência. Tais níveis são, algumas vezes, chamados "Reino Interno".

Igualmente, há um Poder de Coesão que mantém, dentro do compasso de cada Sistema Solar, aquelas inteligências (mesmo que já Divinamente livres), que estão prestando serviço para o Esquema Evolucionário. As correntes cósmicas que se aceitam, como grandes marés pelas galáxias, tão além da compreensão de vossas mentes finitas, são muito poderosas. Assim, mesmo as Inteligências de Grande Luz, poderiam ser varridas para outro curso, fora daquele donde provieram, se procedessem contra o Poder Coesivo do Amor, que governa a ordem da galáxia, o Sistema Solar ou o Esquema Planetário.

Pela época da comemoração do Cristo, há uma grande Dispensação Cósmica e a Estrada do Reino (podereis assim chamá-la) é aberta desde o Grande Sol Central até cada um dos sóis, abaixo dele na Galáxia, assim também para seus planetas. Essa atividade é uma dádiva do Cristo Cósmico para aquelas Inteligências que O servem.

Não é futilmente que os Arcanjos quebram o silêncio das idades e vos capacitam a transmitir para os vossos companheiros Suas palavras e também vos dão pequenas descrições de Seus trabalhos, aqui nestas páginas. Não é sem motivo que os Elohim vêm do Coração do Céu até a atmosfera da Terra explicar, para as mentes finitas, o processo ordenado da Precipitação Criadora.

O que pode ser realizado na Terra, mesmo nas atividades mundanas de vossa vida diária, sem concentração? Desde a menor tarefa de aprender uma receita culinária, ao maior desenvolvimento científico ou à magnificência do educador, pregador ou estadista? Se não há concentração, há apenas mediocridade; somente a superfície exposta é arranhada.

Quantos de vós tendes decidido manifestar algum projeto, tendes começado isso e depois abandonais? Aqueles modelos estão flutuando em vossos projetos, serão absorvidos por qualquer magnética emanação de vida exterior. Esse outro indivíduo será beneficiário de vosso trabalho mental.

Como alguns de vós sabeis, "EU SOU" também o Elohim da Música, os Devas (são Seres de Luz da evolução do Reino dos Elementais) aprendem comigo as músicas nas grandes esferas, e depois

Eles vos transpassam pela inspiração no vosso corpo mental, para os grandes Gênios da Música, como as grandes músicas clássicas que passam séculos e são ainda atuais, é por isso que quando participais de um cerimonial ouves os grandes clássicos, é por isso que quando vós nos recolheis para fazer vossos apelos é muito bom colocar estes clássicos, pois se torna mais fácil entrar em contato com as Oitavas da Luz, assim conheceis que Minhas atividades e talentos são, na verdade, diversificados.

Não vos canseis de fazer o Bem! Perseverai! Quando vossas manifestações parecerem vagarosas, pensai em Mim e dizei: Caso Vista não houvesse perseverado, meus pés não estariam pisando a Terra hoje! Nem poderia eu olhar o céu azul! Não haveria os continentes, nem um Foco na Terra para a Chama da Liberdade. Vista não tinha nada mais com que trabalhar do que eu próprio tenho. Ele possuía somente a Luz, a firmeza de propósito e a concentração de energia para seguir adiante para a Vitória, em nome de Deus.

A seguir, irei vos trazer o Ensinamento da Precipitação.

Os Sete Construtores da Precipitação (os Sete Elohim)

1º Princípio da precipitação (decisão):

O Bem-Amado Elohim Hércules que representa a Vontade de fazer! O ELOHIM DA DECISÃO. Todas as coisas que têm sido executadas no plano terreno ou Plano Celeste foram realizadas por homens e mulheres de Decisão, por Anjos, Elementais e Devas de Decisão, os que voluntariamente decidiram combinar as energias de Suas vidas com VONTADE DE FAZER algo construtivo. Sem essa VONTADE não há a DE FAZER algo construtivo. Sem essa VONTADE não há a permanência da realização.

2º Princípio da precipitação (percepção):

O BemAmado Eholim Cassiopéia, que representa a Percepção e Sabedoria. ELOHIM DA PERCEPÇÃO E SABEDORIA. Elohim do concentrado.

Poder da atenção, sem o qual a mente nada pode criar, aqui nem em lugar algum. O PODER DE VOSSA ATENÇÃO É A PORTA ABERTA PARA VOSSA MENTE E VOSSA CONSCIÊNCIA, ESTE É O PODER DE CRIAR. QUE É EXECUTADO POR Cassiopéia e que é dado para todos os Seres de Luz e para a humanidade.

3º Princípio da precipitação (coesão):
O Bem-Amado Elohim Órion que representa o amor e coesão e deste Divino Amor que é origem do Universo e de cada estrela, a origem do Sol e os planetas. O AMOR DIVINO é uma qualidade positiva e jamais negativa. O Elohim Órion é que traz para a atmosfera da Terra o DIVINO AMOR. Esta Chama tem sido o magnético poder coesivo e mantenedor da Terra que está sob vossos pés, de todos os corpos físicos que estão em funcionamento recentemente e de qualquer manifestação formal que observais. Se o Amor Divino (que é a própria Coesão) cessasse, tudo no Universo retornaria ao informe, tornar-se-ia parte da vida primeva, novamente.

4º Princípio da precipitação (pureza):
O Bem-Amado Elohim Clarie, que representa a pureza, é o Guardião do Planopara, este doce planeta, assim como Ele é para todo seu Universo e sendo também vosso Guardião do Plano Imaculado para vossa individualidade Divina.

5º Princípio da precipitação:
(CONCENTRAÇÃO) "EU SOU" o Elohim Vista, Sou conhecido também como Cíclope, como o Elohim da Concentração. E toda vida, por mais mundana que seja, o que seria sem concentração, começando de um livro de aprendizagem de uma profissão, até uma execução musical de um artista de talento?
Onde faltar a concentração não haverá progresso, por isso vos recomendo programardes o que desejais materializar, concentrando-se sempre no objetivo, sem esmorecimento, até que realizes!
Perseverai, perseverai, perseverai!

Quinto Raio — Verde

6º Princípio da precipitação (paz e devoção):
O Bem-Amado Elohim Tranqüilitas representa a Paz e Devoção, com sua Virtude Ele precipita com Sua Chama da Paz a todo coração suplicante e a todos que invocarem, por isso Ele é conhecido como o Elohim da Paz.

7º Princípio da precipitação (invocação)[1]:
O Bem-Amado Elohim Arcturusque representa a Invocação do Ritmo, que traz à vida a infinita liberdade, se o discípulo realmente deseja, pelo uso do Fogo Violeta, e também Ele vos libertará, a todos os que anseiam se curar das doenças, limitações e penúrias, e só podereis encontrar esta libertação dentro de vosso próprio ser.

Ensinamento do Bem-Amado Elohim Vista

---

1. *O sexto e o sétimo Raios são invertidos no princípio da ação de precipitar.*

Sexto Raio — Rubi Dourado

Paz — Devoção — Amor

    Meus amados filhos de Deus, Eu fui Chohan do sexto Raio da Era de Peixes que atuou nestes 2.000 anos, até o ano de 1956, e hoje nesta Nova Era Aquariana em quem assumiu o Cetro do poder foi o Nosso Bem-Amado Mestre Saint Germain. Foi na época em que o Grande Sanata Kumara retornou a Vênus, ao Seu Planeta de origem, onde o Senhor Gautama foi elevado a Senhor do Mundo, e o Lord Maitreya foi designado como Buda, e nesta ocasião Eu e Kuthumi fomos promovidos ao posto de Cristo Cósmico, e também exercemos simultaneamente as funções de Instrutores do Mundo, como uma das finalidades de unir todas as religiões e credos de todo o mundo: foram nomeados para serem Nossos sucessores o Meu Complemento Divino Mestra Nada, a qual assumiu o sexto Raio e Confúncio do segundo Raio. Eu vos convido para que me glorifiqueis em vós mesmos, com vossas próprias obras espiritualistas e verdadeiras e tereis parte comigo na vida das Vidas. Iniciantes ao discipulado, Eu vos tenho preparado e vos sigo preparando e vós, todavia, não lograstes vossa preparação. Quero dizer que apesar de Meu trabalho, junto com Kutumi em unificar as religiões, deveis vos conscientizar deste trabalho de unificação, dos ensinamentos da Grande Fraternidade Branca contidos neste livro e em outros, que vos está mostrando o verdadeiro caminho para

Deus, como o Grande Mestre Divino que está em vosso meio, Sathia Sai Baba, vos está ensinando; só existe uma religião: a do amor; então deixai-Me modelá-lo em vossos corações. EU SOU o Modelador, porém vós não vos deixais modelar de acordo com o que o amor quer, com a idéia de que vos ameis uns aos outros. Por isso, meus amados, segue entre vós Minha Mensagem como uma revelação. A Fonte inesgotável da Misericórdia está aberta, aberto está o influxo Divino para vossos sentidos. Por isso Eu vim ao vosso plano, Eu o fiz em nome de Meu Pai. Minha missão era de ascensionar entre vós, para que muitos testemunhassem aquilo que qualquer um de vós poderia fazer. Vim como exemplo para que vísseis que, mesmo encarnado em corpo físico, vivendo como um homem comum, que nasce sem lembrar nada e tudo deve reaprender, e passando por iguais vicissitudes e sacrifícios, é possível chegar-se à Ascensão. Tanto Minha chegada como a partida de vosso mundo material foram minuciosamente planejadas e realizadas com a ajuda do Reino Angélico, em ocasião astrologicamente favorável, e Eu as levei a cabo. Minha missão foi bastante facilitada pelos companheiros que também encarnaram naquela época. Assim, seres como a Bem-Amada Maria e o Bem-Amado Saint Germain tiveram papel relevante, pois Eu devia nascer e ser educado num ambiente harmônico e amoroso, no qual pudesse reaprender tudo que fosse necessário para completar a tarefa a que me propusera. Entretanto, os homens interpretaram muito mal Minha mensagem. Usaram Meu nome até para lutarem entre si ou para torturar e imolar aqueles irmãos que pensavam de forma um pouco mais avançada para a época. Muitos perceberam, mas não penseis que foi em vão. Também eles haviam escolhido dar testemunho da Verdade, mesmo na morte. Mas Minha mensagem é Minha semente e ela foi plantada tão profundamente que floresceu no coração de muitos e estes geraram novas sementes da mesma planta, não exatamente a mesma planta, embora não seja a mesma, ela permanece no mundo, como vós permanecereis pela semente genética representada por vossos descendentes. Guardai Meus ensinamentos e exemplos dentro dos corações e encarai vossa ascensão, não só como algo passível de ser realizado já, na atual encarnação, como também um dever que assumistes para com os vossos semelhantes que de vossa Luz dependem. Lembrai-vos sempre de Mim e apelai à Minha Presença. Eu Sou a

Porta Aberta pela qual vós podeis chegar ao Pai. Eu Sou a Ressurreição e a Vida da Verdade e da Perfeição sobre a Terra. Amém.

Mensagem do Bem-Amado Mestre Jesus

Templo do Amor e da Cura

Esse Templo localiza-se sobre a cidade de Nova Inglaterra, U.S.A, em épocas passadas esse Templo era visível aos olhos físicos; isso foi durante o tempo do apogeu da civilização Atlântida. Tive o privilégio de residir nesse Templo. E aqueles, entre vós, que retornaram do mestrado ou aperfeiçoamento, também participavam das cerimônias realizadas para atrair a energia da vida original. Carregávamos essa energia com Amor Divino e dirigíamos as vibrações de amor repleto de cura a toda Emanação de Vida que em qualquer ponto da Terra necessitasse de auxílio. O Templo foi construído com o formato de uma rosa desabrochada. Cada fileira de pétalas representa diversos santuários que compõem esse Templo. Quando os Iniciados começam o ritual da irradiação do amor impessoal, essas vibrações se elevam e vão passando de pétala em pétala até atingirem o coração da rosa, e deste ponto central inúmeros seres fizeram sua Ascensão para a Eterna Liberdade. O iniciante ao discipulado para atingir sua Ascensão terá que deixar seus maus humores, e aqueles que vêm ao vosso encontro mal-humorados, às vezes impertinentes, importunos, quando eles cultivam maus pensamentos e vos querem explorar ou prejudicar, então esta orientação que vos dou irá conseguir tirar-lhes todas as armas de suas mãos. Sorri e perdoai-os, amando-os.

Vós quando voltais do Nosso Templo do Amor e da Cura, ainda vejo que tendes dificuldades. No entanto, esqueceis de usar o poder do amor, em tudo que requer transformação. Quão fácil seria vossa vida se aplicásseis esta simples regra! Aqui no coração deste Templo, vós encontrareis uma natural semelhança com Minha atividade, se iniciarem em vosso plano este trabalho do amor impessoal. Por esse motivo, posso esforçar-Me, nesta aula de aprendizagem, para criar, com a substância do amor, uma pequena rosa de cor rosada, no coração individual dos discípulos que estão no caminho místico, se eles assim o desejarem.

Um discípulo da Luz deve manter sempre a Paz em seu coração, não importa se alguém queira desequilibrar para tentar atingi-lo. Todas as situações complicadas deixam-se organizar por meio do amor. Quando este for usado persistentemente, os problemas que surgirem na vida em comum se dissolverão. Eu sei de que vos falo, por experiência própria. Ponho o Meu *Momentum* à vossa disposição, espero por vós em Meu Santuário do Amor e da Cura.

Mensagem da Chohan do Sexto Raio — Mestra Nada

EU SOU o Arcanjo da Paz e o Meu Complemento Divino de Minha Emanação de Vida que no reino interno é conhecido pelo nome de DONA GRAÇA. Ela é a Madona da Misericórdia no Reino Angélico de Nossa esfera. Por isso, se a humanidade se conscientizasse de que Nós, Amigos Angélicos, temos à sua disposição incalculáveis Bênçãos Divinas e Mestres Ascensionados para auxiliá-los, só depende de vós, apenas de sua invocação, e serão liberadas tais bênçãos, como o Mestre Jesus vos ensinou: "Pedi e vos será dado, Batei na porta, ela vos será aberta".

Eu sei disso, porque no Serviço Prestado trabalhamos, mutuamente, com as Zeladoras Silenciosas que permanecem sobre cada lar e cidade, cada país, nação e continente e sobre o próprio Planeta. Naturalmente, estes Seres Divinos não dormem e nem cochilam; portanto, estão sempre atentos às necessidades do campo de ação e zelam pela evolução de todos os seres.

O sentimento de gratidão é o caminho mais simples para receber, cultivar, usar e expandir a Bênção Divina. O diálogo do homem com Deus (a oração) geralmente consiste no seguinte: "Oh, Deus, por que me aconteceu isto ou aquilo?". A maioria das orações assemelha-se a gritos de desespero e de dor, pois são pouquíssimas as orações que exprimem sinceridade, gratidão e louvor a Deus, sentimentos que deveriam fluir como dádivas fundamentais à Vida que se expande em forma de bênção para todos.

O cultivo da graça é uma inspiração maravilhosa. A graça manifesta-se após um sentimento de gratidão. É bastante desagradável estar em contato com pessoas que não se encontram em estado de graça. Sabeis que Mãe Maria se encontrava, perenemente, "Cheia de Graça".

A todos aqueles que invocarem o sexto Raio da Chama Rubi Dourada a Mestra Nada, um dos vários e bondosos seres do Universo, faço o seguinte pedido: empenhai-vos isoladamente ou em grupo, em invocar o Espírito da Graça. Em todos os momentos de vossa vida, experimentai ser gratos a alguma coisa; por exemplo: a Deus Pai-Mãe que vos criou, aos pais que vos deram um corpo, à natureza, ao Sol, ao céu, às flores e tantas outras coisas mais... Também em vossas atividades diárias, expressai gratidão. E assim, aos poucos, entrareis em estado de graça, o que, na verdade, não é um estado de espírito, mas um estado de profunda sensação.

Em outros tempos, várias pessoas ocupavam posições diplomáticas e representavam suas nações com delicadeza, cortesia e dignidade. Elas, por natureza, expressavam a graça da diplomacia. Outras, por sua vez, ocupavam e ainda ocupam, hoje em dia, o cargo de diplomata, com a finalidade de valorizar-se e vangloriar-se. Por esse motivo, elas são consideradas "falsos diplomatas" aos quais Saint Germain se referiu chamando-os hipócritas.

Portanto, dai graças de mil maneiras. Ao abrir a porta ao vosso semelhante, como um verdadeiro "gentleman", dizei: "Deus esteja convosco". Porém, se vossas palavras e atitudes não contêm desejo de expressar delicadeza nem sincero sentimento de amor e gratidão à Vida, vosso esforço e atividade espiritual sobre a Terra não têm valor – tudo é fingimento. Se, ao contrário, a sensação da graça fluir do fundo do vosso coração, então o aperto de mão, o desejo de abençoar ou até mesmo um pequeno favor prestado transmutam-se em Dádiva Divina, e o receptor percebe tudo isto.

Não podeis iludir ou enganar o mundo sentimental de outra pessoa, a menos que ela, em razão de seu livre-arbítrio ou sem vontade própria, se submeta à influência desarmônica criada por outro ser humano bajulador. Isto acontece, seguidamente, quando ela não crê em Deus nem em si mesma. Há pessoas cheias de dúvidas, depressão e com falta de discernimento para fazer uma auto-análise. Se, por outro lado, o indivíduo que está investido com a virtude da sinceridade permite que bajulações o desviem de seu objetivo, então o Mestre ou a emanação de vida que tem a incumbência de liberar a sensação, ou melhor, a essência da Graça, procura outra pessoa que necessite de consolo, amor e estímulo, para ancorar estas qualidades específicas em seu coração. Desta maneira, o ser que for abençoado estará em condições de espargir bênçãos à humanidade.

Manter, constantemente, a sensação da graça gera um maravilhoso mundo novo para um crente viver. Quando vós e Nós nos reunimos em atividade grupal e, principalmente, se o Mestre Ascensionado faz seu discurso (ou ao lerdes Suas mensagens) então estais mais ou menos uma hora sob Nossas irradiações e, com isto, em "estado de graça". Também, quando cantais louvores a Deus, aos Mestres, Reinos Angélicos e Dévicos, ainda durante a visualização de uma forma-pensamento, tanto seja ao visualizardes a Luz em vossos corações ou na elevação do Cálice, vossa consciência alteando-se até a Consciência Divina... e tantas outras formas que temos recomendado.

Após as visualizações que sobressaem de vossa personalidade serem suspensas, retornais à costumeira vibração de vossa consciência, aquela que vos é familiar. Enquanto isto, perdeis muito da irradiação de harmonia que vos é assaz necessária e que tanto desejamos inserir ou implantar em vós, até o momento em que poderemos dizer aos Bem-Amados Senhores do Carma: "As pessoas que se encontram sob esta irradiação estão cheias de graça, acham-se imersas em um duradouro estado de harmonia; são, portanto, reais representantes de Nossa Bem-Amada Mestra Nada. Por meio desta harmonia, cada uma delas está capacitada e pronta para ser um instrutor de todas as Virtudes Divinas para o homem".

Se meditardes sobre qualquer Ser Divino ou sobre Sua característica, ireis sentir a maravilhosa Graça de Seu Ser. Primeiramente, Elas se apresentam somente quando são convidadas, não dão conselhos a não ser quando solicitados. Assim que vosso serviço de adoração termina, Eles se afastam, mas retornam, quando fazeis um pedido consciente. São servidores abnegados e dão tudo que possuem, sem pedir recompensa. Contudo, esperam, fervorosamente, que Seus esforços sejam galardoados pela Graça sustentadora, assemelhando-vos aos Mestres. Podeis imaginar que Nosso Bem-Amado Maha Chohan, em Seu "Serviço Prestado" — é a abundância da graça? O Bem-Amado El Morya, este poderoso Ser de Luz, é o mais complacente Príncipe Celestial! Nosso Bem-Amado Mestre Saint Germain é extraordinariamente benevolente e afável. Quando Ele entra no Santuário ou em qualquer recinto de conferência, Seu andar é elegante e harmonioso, expressando formosura e donaire. Ao levantar Seus braços para dar uma Bênção, Seus olhos de cor azul-violeta irradiam gratidão para os discípulos, e cada gesto Seu é manifestação de amor, dignidade e graça!

Jesus, o Cristo, foi um homem pacífico. No entanto, em realidade foi um exemplo de força e poder. Apesar das aparências humanas em volta de si, sobrepujou a própria morte. Acaso pensais, por alguns momentos, que Jesus alcançou, de modo pacífico, ou automaticamente, o controle dessa energia qualificada? Não Meus discípulos, desde o momento de Sua concepção pela Bem-Amada Maria, Sua mãe e Seu pai, conscientemente, mantiveram inalterada, na Paz Crística, a vibração cósmica de Sua forma, pois já estava previsto que Ele iria cumprir, oficialmente, uma missão mundial, para dar o exemplo para toda a humanidade.

Mais tarde, quando Jesus teve consciência de Sua própria individualidade crística, presente em Seu corpo físico, Ele foi disciplinado por Sua Mãe Maria, José, Legiões Angélicas, pelos três Sábios do Oriente e, principalmente, pelos Anjos do sexto Raio o qual Eu comando, e tiveram o encargo de manter imperturbável a GRAÇA DA PAZ.

Acaso pensais que o Cristo poderia andar no meio da massa humana, insensível à miséria, à dúvida, ao medo, sentimentos estes irradiados pelos seus contemporâneos? Credes que Ele seria capaz de ressuscitar Lázaro, curar cegos, coxos, leprosos e manter unidos os devotos e os bem-intencionados discípulos, com a finalidade de criar um Foco Central de Luz da Dispensação Crística, se Ele não possuísse uma força maior do que qualquer aparência humana?

Às vezes, a força de expansão e de pressão sobre o homem, neste mundo de aparência, mesmo no serviço prestado a Deus, atua de uma forma tão forte a ponto de ele sentir-se cansado em razão da uniformidade ou monotonia do seu trabalho. Algumas vezes, também vos sentis cansados. Ouso dizer-vos: Se, durante 48 horas, permanecêsseis neste Recinto Angélico, totalmente livres das aparências do mundo físico e lhes fosse feita a seguinte pergunta: "Quereis voltar para terminar vossa tarefa?" Incontinente responderíeis, com grande alegria, que desejaríeis voltar para terminá-la.

Quando uma tarefa começa a perder o encanto para o seu executor, apenas lhe é necessária uma pausa para o descanso, uma "mudança de cenário" a fim de que o ser externo encontre novamente sua energia de equilíbrio. E após uma nova iniciação do Bem-Amado Arcanjo Rafael, retorna aquele, com entusiasmo renovado, à sua tarefa.

Conscientizai-vos de que tendes um Anjo individual que há milênios vos serve e permanece convosco. Ao vosso chamado, este Anjo servidor unge, por meio de Sua substância, vossos invólucros inferiores como o sentimento do Amor Divino, da Luz e Graça. Desta maneira, Ele vos auxilia e mantém para vós uma Paz Duradoura. Diariamente, dedicai ao vosso Anjo alguns momentos de vossa atenção e, conscientemente, acolhei em vosso corpo sentimental a graça e paz que Ele deseja dar-vos. EU SOU EU SOU EU SOU.

Mensagem do Bem-Amado Uriel — Arcanjo do Sexto Raio

Invocação

Oh! Poderosa e Triunfante Presença de Deus "EU SOU" em Mim e de meu amado Santo Ser Crístico, eu invoco a Vós, Bem-Amado Arcanjo Uriel, Bem-Amada Dona Graça, Mestra Nada (Deusa do Amor), Elohim Tranqüilitas e Bem-Amado Mestre Jesus e a todos os Seres que manejam a Chama Rubi-Dourado em nosso Planeta! Apresentamos a vós este apelo, carregai-nos com Vosso Amor, Paz Divina, Cura. Com abundância, derramai essas virtudes sobre nós, envolvei cada pessoa, cada lugar, cada coisa e circunstância sobre o nosso Planeta e peço para auxiliar nosso Anjo Protetor que de dia e de noite zele por nós, mantendo-nos firmes no caminho dedicado a Deus.
Nós vos agradecemos EU SOU EU SOU EU SOU.

Abençoadas Sois, Gloriosas chamas do Coração do Grande Sol Central de Deus Alfa e Ômega, pelo "Serviço Prestado" à Luz! Elevai o Cálice de vossa consciência à vossa Divinal Presença "EU SOU" e deixai que Ele se transforme em um Graal Sagrado, no qual iremos fazer fluir a sacrossanta virtude da PAZ, bem como sustentá-la e conservá-la. Ampliai, cada um de vós, os limites do reino da Paz sobre a Terra, para a conclusão do Plano Divino que é vossa tarefa predeterminada. Não existe a menor ou insignificante partícula de vida que não possua seu legítimo lugar neste plano, pois em cada partícula pulsa a Vida. A transmutação do erro deve efetuar-se em cada manifestação que não corresponde à perfeição planejada e requerida.

Quem poderá conseguir a realização desse transcendente acontecimento? VÓS, Meus abençoados filhos da Luz Eterna, porque a vós foi dado o privilégio da instrução, pelos Irmãos e Irmãs que vos antecederam no Caminho da Perfeição e andaram pelas mesmas veredas cansativas. Toda Vida precisa alcançar a maestria da perfeição, extenso caminho evolutivo. E quando ela chega ao pináculo de seu objetivo, deve preservar a requerida paz, para manter e conservar um relevante estado de Paz Profunda.

Deixai o sentimento benéfico que é a irradiação da gloriosa essência do terceiro Raio — a Chama Rosa, transpassar-vos a todo o momento. Gostaria de propor-vos que, durante vossa contemplação diária, visualizásseis a calmante Chama Rosa, transpassando cada átomo, cada molécula, cada célula, cada eléctron de vossos invólucros e vos banhásseis em sua essência. Concentrai-vos em cada invólucro inferior, não apenas no corpo físico, mas também nos corpos etéreo, mental e emocional, pois, desta maneira, todas "as rodas de vosso carro serão lubrificadas" e capazes de se movimentarem, sem o barulho ou chiado desagradável da falta de limpeza e lubrificação, na hora de se locomoverem.

Por que falo sobre o terceiro Raio, se o Meu trabalho escolhido se processa no sexto Raio, que se expressa a PAZ? Porque, para expressar a virtude da paz, é necessário estar presente o Amor Divino. Quando desejais paz ao próximo, não deve haver em vós qualquer sentimento de revolta. Esses ensinamentos são para que cada um de vós conheçam sobre os sete degraus que são requeridos pela precipitação.

Primeiro Raio Azul, o mais próximo à Presença é de puríssima e brilhante luz branca, com irradiações de azul-safira; este Raio representa a Força, Vontade Divina e Proteção. E por esta Força e Vontade de Deus é que foram criados e manifestados no Universo. Representa Deus Pai.

Segundo Raio Dourado, Iluminação, Sabedoria Divina, que Representa Deus Filho, é a percepção e o poder da atenção, que sem a mente nada pode criar.

Terceiro Raio Rosa, este Raio representa a parte feminina de Deus (que é o lado Mãe) que é o Espírito Santo, expressa totalmente o Amor Divino que é a coesão dos planetas, cada origem do Sol e galáxia no Universo.

Quarto Raio Branco-Cristal representa totalmente a pureza e dedicação. É o Plano Imaculado para a individualidade Divina, que é moldada com a substância do Fogo Branco. Ela é o Modelo da Perfeição, originalmente criado pela Divindade.

Quinto Raio Verde, este Raio é o da concentração, verdade e cura, pois sem a concentração nada pode ser criado nem neste Plano e nem no Universo.

Sexto Raio Rubi Dourado, este é o Raio dos serviços prestados e da paz, é o Consolo Divino que proporciona Liberdade e Salvação. Este Meu Raio foi permutado pelo Sétimo. O motivo é óbvio. Nenhuma precipitação pode perdurar, se ela não for cercada e concluída com a característica ou virtude da paz de que Eu, pessoalmente, muito necessitava.

Sétimo Raio Violeta, é a Chama transmutadora da misericórdia e da liberdade, cujo atributo divino é a percepção da Liberdade.

Agora já estais cientes sobre os sete degraus requeridos pela precipitação e a importância do Raio da Paz. Aproxima-se o tempo em que deveis cumprir a ordem de vosso instrutor. Deveis manter a paz, para que não deis um passo em falso, resvalando até o pé da montanha e prolongando, mais uma vez, a vossa evolução neste Planeta. Conheceis o meio e os caminhos. Tendes a Vontade para agir. Alcançastes a Iluminação pelos vossos valiosos Instrutores, tendes também o indispensável sentimento do puro Amor Divino! A atividade do terceiro Raio apresenta-se, para alguns, como barreira que deve ser vencida e superada para atingir a Divindade.

Inúmeras reuniões e conferências sobre a paz podem ser realizadas, entretanto, se o homem não souber manter a paz em si mesmo, para ser um cidadão pacífico de sua pátria provisória (terráquea), essa paz não será duradoura. Certamente, os esforços individuais e coletivos no querer estabelecê-la são muito louváveis e possuem um efeito benéfico, embora temporário. O homem poderá pensar em paz se algo desta virtude não fluir através dele. Não obstante, a sustentação da paz é uma atividade interna.

Aconselho: visualizai a virtude da paz, penetrando e atravessando vossos invólucros; protegei esta essência dourada, ao transpassar vossa rosada aura do Amor Divino, envolvendo-vos com os raios azuis da Vontade Suprema.

Vede esta atividade das Três Chamas, do equilíbrio perfeito, envolvendo, literalmente, a Terra. E quando perceberdes situações desagradáveis, em que o ódio e a cobiça de nações e povos explodem, então dirigi a atividade da paz aos referidos locais e às situações desarmônicas.

Talvez existam discípulos entre vós (este é o Meu sincero desejo) principalmente aqueles que têm à disposição tempo suficiente e não estão ocupados com sua substância cotidiana, que se decidam, diariamente e em tempo determinado, a fazer concentração de paz em torno das atividades das Nações Unidas, onde a maioria dos povos tem seus representantes: erguer um poderoso campo de força da substância da paz sobre aquele local e em outros locais onde for necessário. Sempre que surgissem "problemas" ou Falta de entendimento, seriam dissolvidos, rapidamente.

Observamos, do ponto de vista pessoal, vosso próprio relacionamento individual com os demais seres humanos. Todas as partículas de Vida, sobre esta Terra, estão interligadas: aquilo que se extravasa de outra partícula aflui a vós. Se possuís uma vibração semelhante, a realidade "o semelhante atrai o semelhante" não deve ser subestimada nem passar despercebida.

Peço decidir-vos a ser uma Presença da Ordem da Paz para este Planeta. Algum dia, cedo ou tarde, tereis de tomar esta resolução. O discípulo sábio irá fazer isto agora!

Diariamente, desejais manifestar isso ou aquilo, de modo que possais obter determinados objetos para o vosso uso, os quais julgais muito úteis em vossa atividade do dia-a-dia. Deixai que Eu vos diga, categoricamente; tudo ser-vos-á dado, mas antes de saberdes manter a Paz em vós próprios, com a sua duradoura manifestação. Sei o que digo, pois EU SOU um dos Elohim da Criação.

Observai os pequeninos Seres Elementais que criam as campinas verdejantes, as belas flores coloridas, as matas frondosas, os córregos cristalinos e todas as substâncias de que tanto necessitais para manter vosso corpo físico.

Devo chamar a vossa atenção para aquilo que tantas vezes já foi dito: se os abençoados Seres Elementais podem ser suficientemente perseverantes, para fazerem sobressair o molde ou a forma dada, não caberia a vós, na condição de seres humanos, avançar céleres, sob o controle dos Seres Ascensionados e ser bem mais perseverantes?

A Lei Cósmica Nos permite dar-vos muitas orientações. Agora, deveis decidir-vos se quereis ou não seguir o caminho que vos conduz à Eterna Liberdade.

Talvez essas palavras dêem a impressão de uma reprimenda. Mas não é esta a Minha intenção. Paz é uma Qualidade Positiva e Eu Sou a encarnação desta virtude.

Desejo acrescentar às vossas experiências a beleza e a característica tranqüilizante desta virtude, pois é Meu privilégio distribuí-la. Se enviardes vosso Amor Divino a Mim, no retorno do raio desta vibração enviarei o puro Amor Divino que mantenho dentro desta gloriosa virtude da paz, para que ela se torne uma parte constante de vosso ser.

Ensinamentos de Tranqüilitas — Elohim da Paz

Sétimo Raio — Violeta

Libertação — Transmutação — Misericórdia

O sétimo Raio é que está ligado à Chama Violeta da Liberdade, Transmutação, Misericórdia, Ritmo, Ordem e Magia Cerimonial. O Dirigente do departamento deste Raio é Saint Germain que assumiu o Cetro do Poder destes dois mil anos, iniciou a Era da Liberdade, conhecida como Era Aquariana, o Grande Hierofante e Chohan e conhecido como Deus da Liberdade. Este maravilhoso Ser atingiu a Sua Ascensão no ano de 1684, Ele aceitou novas encarnações, trabalhou e estimulou nos homens de diversos países neste Planeta o desejo da Liberdade, que é Seu atributo especial, e um dos seus sonhos como Conde de Saint Germain do qual Ele era Chanceler. Ele queria unificar toda a Europa, hoje este sonho está sendo realizado pela unificação, conhecida como Mercado Comum Europeu, em que cada cidadão daqueles países trafega livremente por toda a Europa, e os países ajudando uns aos outros, assim em pouco tempo haverá somente uma moeda que já foi instituída com o nome de Euro. Este é o trabalho que Ele vem realizando hoje para que todos os países do mundo possam se integrar, para que todos possam ter Igualdade, Liberdade e Fraternidade. No ano de 1786, Ele recebeu o cargo da Bem-Amada Mestra Ascensionada Kuanin, então no dia 1º de maio de 1954, Saint Germain girou a chave que abriu para a Nova Era de Ouro neste Planeta uma responsabilidade imensa que representa ser Diretor Cósmico desta Nova Era.

A Grande Fraternidade Branca está auxiliando Saint Germain para esta obra gigantesca, e com a cooperação de qualquer elemento da corrente humana que esteja à procura de Liberdade.

O Mestre Saint Germain nos pede neste Momento Cósmico apelos e cooperação de todos os que O amam, para podermos atingir a Total Liberdade.

Salve o Bem-Amado Saint Germain!

Mensagem de Djwal Khul

O poder da atividade da transmutação da Chama Violeta

Amados discípulos da perfeição da Chama Violeta, raramente o homem se apercebe da Gloriosa Sabedoria da Mente de Deus, que criou a Chama Violeta da Transmutação em toda a sua Glória Cósmica progressivamente revelada. É difícil para o mundo, no seu presente estado de desenvolvimento, compreender plenamente do nível da consciência humana ou pelo poder da mente humana, pois estas ações e atividades enormes são invisíveis ao Fogo Sagrado de Deus.

Quando usais a Chama Violeta da Liberdade e Transmutação não estais a lidar com uma fantasia da vossa imaginação. Ao observardes as grandes formações de vapor de águas acumuladas e deslizando vagarosamente pelo céu e produzindo o panorama das nuvens, em transformação contínua, podeis compreender que uma aragem aparentemente insignificante pode converter-se, num abrir e fechar de olhos, numa turbulência de destrutividade nunca vista. Ao invocar a ação da Chama Violeta, o homem comum não tem poder para ver o fluxo dos átomos e eléctrons atuando na consciência, nem se percebe da grandiosidade da Energia Cósmica empenhada nessa ação. Até alguns dos discípulos não compreendem este grande potencial, que transcende o tempo e o espaço, produzindo em cada momento da aventura de vossa vida uma abençoada transmutação, ou mudança cósmica, que vos faz um passo em frente no caminho.

Isso acontece à medida que a Chama Violeta vai consumindo os acúmulos de energias negativas residentes no vosso corpo físico, etéreo, emocional e principalmente o mental (subconsciente), os produtores das manifestações tantas vezes deploráveis. Assim, pelo processo da "demolição" divina, a Chama Violeta prepara o terreno para a substituição dessas energias negativas pelos esforços altamente benignos e construtivos a que o vosso coração possa aspirar. É difícil às pessoas orar ou até mesmo aspirar a níveis cósmicos de pensamento e serviço quando não há, imprimido no campo de força da mente individual, um precedente que oriente o desenvolvimento no homem, a qualidade de pedir o que deveria.

Nesta Pérola de conhecimento, coloco-vos perante o fato de que até no corpo mental (subconsciente) de muitos iluminados existem câmaras ocultas de horror astral que têm de ser transmutadas. Pois para ascensionar vós precisais purificar cinqüenta e um porcento da energia negativa, e com isso terá muito que ser transmutado. Em momentos de descuido, elas podem — como freqüentemente acontece vir subitamente à superfície do ser e explodir, aliando-se às forças negativas mais viciosas e destrutivas do Planeta.

Quem é sensato procura purificar os seus quatro corpos inferiores: físico, etéreo, emocional e mental, para eliminar as impurezas acumuladas. Do mesmo modo, é essencial que a totalidade da consciência seja purificada invocando a ação da abençoada Chama Violeta, na qual foi focalizado o poder que Deus possui de perdoar e transmutar. Muitos discípulos invocam com êxito, embora sem saber, a Chama Violeta pelo poder da oração intercessora, e trazem até si as atividades do Fogo Sagrado a que Nós, no Ocidente, que conhecemos e pedimos pelo poder dos Sete dons do Espírito Santo, e que no Oriente já era conhecido pelo Fogo Sagrado.

A Chama Violeta será a salvação de todos aqueles que fiel e humildemente a empregarem. Confiamos que gradativamente o homem cansar-se-á de correr atrás das aquisições e outros interesses materiais e, aos poucos, irá encontrar um Mestre que vai ajudá-lo a assumir conscientemente posições que normalmente pela sua intuição (intelecto) ele não faria. Ele encontrará neste amigo secreto todo o conforto, paz e respostas plausíveis às suas perguntas justas: sentir-se-á fortalecido para as suas múltiplas obrigações e conseguirá por meio desta companhia misteriosa viver na Terra, o paraíso tão sonhado e ambicionado pelos homens comuns.

No entanto, não vos iludais, não imagineis que esse encontro vos trará supressão dos problemas inerentes a toda a condição humana; ele apenas será o reforço, para o ânimo enfraquecido, e secretamente sussurrará em vossos corações: "Coragem, siga em frente! Há Luz no findar de toda esta experiência grosseira, não desanimeis. A luta e o trabalho são intensos, mas vale a pena a consciência tranqüila da missão cumprida".

Hoje como Chohan do sétimo Raio e responsável pela dispensação da Chama Violeta para a Terra e sua humanidade, conclamo a todos a não desanimar, independentemente de qualquer situação por mais inexpugnável que seja. Ide com confiança, humildade e fé, alicerçai a estas qualidades o amor e vereis como o caminho irá aplainar-se.

A todos os discípulos da Luz, rendo Minha bênção, possam todos vós, amados soldados, continuar vossas caminhadas sem tropeços, mas se estes acontecerem, coragem, levantai e continuai! Eu faço doação do Meu *Momentum* de Libertação a todos vós, ó discípulos da Chama Violeta!
EU SOU EU SOU EU SOU.

Ensinamento do Bem-Amado
Mestre Ascensionado Saint Germain

Filhos do Altíssimo UNO, da Força Criadora Universal! Reverentemente, inclino-Me ante a Divina Luz em vossos corações.

Iniciou-se para a Terra um período de eventos externos: são acontecimentos não desejáveis que se relacionam com vosso Planeta e que, há muito tempo, são visíveis. Constantemente surgem perguntas dos discípulos da Luz a respeito do "Serviço Prestado" que mutuamente deverão fazer, e qual é o significado da tarefa principalmente em relação ao discípulo isolado, quando são observados e analisados estes acontecimentos externos.

Não é fácil para um discípulo, que se encontra no começo de seu Caminho Espiritual, contemplar, um após outro, os amontoados obstáculos criados pelo próprio ser humano, e afastá-los, de imediato, sem uma orientação correta. Hoje Eu vos falarei do Templo da Transmutação, onde o discípulo inicia o caminho para o Sacerdócio. Este Santuário outrora, quando a Ilha de Cuba ainda fazia parte do Continente Atlântico, situava-se sobre ela, no plano físico, um Foco de Luz do Templo da Transmutação, para onde convergiam muitas pessoas, fazendo peregrinações com o fim de alcançarem a purificação e a cura dos corpos físico, etéreo e mental. Durante a época da cultura atlântida, a irradiação desse Fogo Transmutador e Purificador era visível à humanidade.

E Eu e o Meu Complemento Divino, a Santa Ametista, em um trabalho mútuo, disciplinávamos e orientávamos a fraternidade sacerdotal do Santuário, no uso ou aplicação do Fogo Violeta. Um destes sacerdotes foi o Bem-Amado Saint Germain que, mais tarde, em Sua encarnação de Cristóvão Colombo, encontrou o caminho para, por meio do oceano, conduzir esse Santuário, atraído pelo Seu amor ao Fogo Violeta. Quando da submersão do Continente no imenso Oceano Atlântico, o Templo da Transmutação, junto com outros Focos de Luz, e também o Fogo Sagrado, foram elevados ao plano etéreo, onde até hoje Eu Sou o Hierofante desse Santuário, continuo zelando pelo Sacrossanto Templo, desta ou daquela forma, juntamente com Seus sacerdotes capacitados, e liberando as poderosas forças purificadoras e transmutadoras para a humanidade e o sacrossanto planeta. E novamente Eu assumi a incentivar os discípulos no plano físico a continuar a tarefa com entusiasmo, amor e dedicação, sem olhar para trás e sem pensar em vossa colheita.

Vosso trabalho deverá ser feito de todo o coração e vossa atividade espiritual deverá originar-se do amor puro e impessoal. Somente Amor Divino deverá fluir de vosso ser, de vosso pensamento, sentimento e atitudes. Pois desde longa data, o conhecimento é transmitido ao homem, por meio de meditações e orações. A instrução relativa a qualquer trabalho correto e meticuloso que deva ser realizado é recebida pela inspiração ou de intuição profunda, por pessoas íntegras, sem desejos pessoais de querer vangloriar-se. Normalmente, estas pessoas permanecem no anonimato.

Existe o grande auxílio de Lei da Ordem do Cerimonial, quando, de tempos em tempos, há um desejo especial, por parte dos filhos terráqueos, à procura de seu verdadeiro "lar interno". Esta Lei relaciona-se, exatamente, com o Plano da Criação que segue o caminho do progresso, tanto interno como externo. Por meio da manipulação externa da atividade do cerimonial e pela íntegra espiritualista interna, acompanhada por uma atitude de aspiração à Luz da Divindade, sempre existiu e ainda existe um trabalho homogêneo. Uma vez que a finalidade do cerimonial é profundamente espiritual e positiva, nesta época atual irão pôr de lado os velhos rituais, pois o antigo simbolismo não mais se adapta aos tempos atuais da humanidade. Magia e Ritual são entrelaçados, porém nem sempre em favor de um "serviço Prestado" à Luz. O cerimonial ensinado[2] aos discípulos é uma canalização direta com as Oitavas de Luz. Pela sincera conduta do oficiante, o cerimonial favorece a junção das consciências interna e externa, tanto faz que seja ao acender uma vela para o "Serviço Prestado" à Luz ou seja a formação de um Cálice pelo poder dos pensamentos, para robustecer o afluxo do caudal de energia. É uma atitude cerimoniosa, quando vos elevais, para aceitar em vossos corpos a energia da Força Transmutadora de Essência Divina. A estas cerimônias segue sempre um acontecimento: a imagem espiritual de vossa substância etérea modifica-se, quando estais preparados para aceitá-la e a imagem física ajusta-se à imagem espiritual.

Portanto, deixai que o cerimonial continue sendo uma ligação e formando este elo entre os dois mundos. O puro amor impessoal faz com que os vossos corações cresçam.

Junto a cada um de vós, discípulos, e a cada Emanação de Vida, permanece um Ser Espiritual que aceitou a incumbência de ser um Acompanhante Silencioso. Neste Caso, o cerimonial favorece, quando estais em meditação e fazendo vossos apelos, uma união espiritual profunda, pois o vosso caminho é o mesmo de vosso Acompanhante Silencioso; no entanto, para Ele, é um caminho árduo.

Quando o discípulo inicia o seu caminho ao lar, Sua companhia é proveitosa; porém, se o discípulo vagueia pelas veredas laterais, então o Acompanhante destinado para o período desta encarnação humana também fica privado de Sua evolução. Mas, na meditação, na contemplação profunda, o Acompanhante Silencioso empenha-se em conduzir à Luz, ao Plano Divino, a consciência do discípulo, para que este possa reconhecer e evoluir. Quando formais a vossa proteção, envolvendo-vos em vosso Manto de Luz, isto também é um cerimonial. Este é reforçado por Nós que estamos ao vosso lado.

Sobre vós coloco Meu Manto de amor. Numa cerimônia individual, sois semelhantes a um rei, pois estais envoltos com a Luz cintilante de cor púrpura-rei. Os raios energéticos penetram, profun-

---

2. *No final desta Mensagem o Mestre Djcoal Kuerl ensinará como o discípulo deve realizar o cerimonial.*

damente, as células de vosso corpo; eles transmutam e purificam tudo em vós. A força purificadora transpassa vossa consciência e se condensa nas células de vosso cérebro. Todas as coisas más ou ruins, de épocas remotas, tornam-se transmutadas e sublimizadas, são substituídas pela cristalina e pulsante Luz do Amor Divino, pela compaixão e misericórdia. Falando a todos: aceitai Minha Bênção e usai Meu manto protetor.

Ensinamento do Arcanjo Ezequiel

Orientação para realizar o cerimonial

Discípulos, colocamos para vós sentirdes junto ao vosso Mestre Interno, o seguinte tema, para vossa apreciação e talvez maior conhecimento: os Cerimoniais. Este trabalho, hoje, é de suma importância para os homens. Vós todos já sabeis que estamos vivendo a Era do Cerimonial.

Que vem ser esta atual dispensação de trabalho?

Explico-vos, discípulos servidores: vive o homem, hoje, um momento em que ele tem necessidade de participar diretamente de todos os acontecimentos, principalmente no que se refere aos trabalhos ritualísticos. Necessita ele objetivar, no plano físico, tudo aquilo que é subjetivo, além de prestar a sua valiosa contribuição ao doar a energia vibratória da voz. Compreendendo esta necessidade do homem moderno e querendo fazer com que ele também participe deste importante momento de mudanças para a Terra, doando da sua energia por meio do seu esforço e da palavra falada, o Bem-Amado Mestre Saint Germain, que tem sob Sua responsabilidade a Libertação da Terra neste último período e é o Mestre do Cerimonial, encarregou-Nos desta ditosa Missão: doar aos discípulos Nossos trabalhos que estavam guardados e arquivados no tempo.

Assevero-vos que, quando começares a trabalhar em um serviço deste porte, deveis lembrar de que estais em sintonia com o Mestre Hierofante do Templo, com a Sua Chama característica com os demais Mestres Ascensionados e Seres de Luz, além de toda a Corte Angélica. Estareis, também, em profunda empatia com vossos irmãos companheiros. Como vós já sabeis, existe uma troca magnética em todo grupo que se reúne para realizar um trabalho de cunho espiritual. Para que esta troca de energia seja positiva, há necessidade de que haja entre os discípulos harmonia, disciplina, pureza de coração e real intenção de servir ao corpo da Hierarquia, que é constituído pelos Mestres Ascensionados e pela Grande Fraternidade Branca. Ficai cientes de que ao participardes de um serviço ritualístico, em profunda receptividade, estareis atraindo as atenções da Grande Hierarquia da Grande Fraternidade Branca. Com isto, vos tornareis, pela vossa dedicação e correto agir, autênticos magnetos, doando aos vossos familiares, companheiros de lida diária, e a todos aqueles que encontrardes em vosso caminho, esta energia que ficou acumulada em vossos corpos e corações. Isto ocorre porque todos os sinceros participantes destes serviços sagrados recebem, no final do trabalho, uma cota de energia qualificada, para benefício próprio e para distribuírem entre seus irmãos humanos. Ficai cientes de que, no final do cerimonial, no momento em que passardes diante do altar e fizerdes um "pronam" (reverência), a Veladora Silenciosa, (Seres do Reino dos Elohim), guardiã deste santuário, fará entrega ao Vosso Cristo, desta energia qualificada. Doai silenciosamente, discretamente, anonimamente, apenas usando da vossa atenção e amor, ligados à Poderosa Presença Divina EU SOU em vossos corações, ponto onde irradiai, por onde passardes, a energia que vos foi confiada. É grande a responsabilidade daquele que se coloca em sintonia com a Hierarquia pelos ensinamentos. O conhecimento só tem valor se for usado para servir por meio de um trabalho agradecido.

O Cerimonial Ritualístico dá esta oportunidade aos discípulos, qual seja, doarem as suas energias, por apelos feitos durante o serviço realizado em benefício da Terra e sua humanidade, e levarem a energia recebida e acumulada em seus corações, para doá-la a todos os seus irmãos humanos por onde passarem.

Vamos transcrever para vós algumas normas que achamos úteis e que poderão ajudar em vossos trabalhos ritualísticos. Existe um comportamento qualificado como correto para cerimoniais, principalmente nos santuários onde os aspirantes a discípulos são atraídos para participarem destes serviços. Há uma necessidade primordial de evitar-se conversas generalizadas, sobre assuntos não referentes ao trabalho da Luz. Estas conversas, antes de se iniciar o trabalho, distraem as mentes, e verifica-se com freqüência que, durante o período de meditação, as lembranças ou pensamentos destes assuntos fluem insistentemente, fazendo com que os participantes fiquem distraídos e percam a grande oportunidade de se tornarem parte integrante de um trabalho de grupo, em que a energia doada por todos os presentes reverte-se em bênçãos imensuráveis, doadas pela Grande Fraternidade Branca. Aconselhável se faz, discípulos, fazerdes desses momentos uma fonte inesgotável de bênçãos, para vós e vossos queridos, e para toda a humanidade, vossa irmã. É apreciado, pelos Seres de Luz, o ambiente harmonioso, onde o silêncio, o amor e a vontade de servir sejam uma constante em todos os participantes.

Discípulos amados, procurai, nesses locais sagrados, entrar silenciosos e unidos à Poderosa Presença Divina EU SOU, em vossos corações, e, ao final do trabalho, parti com o pensamento elevado, procurando não sair desta sintonia, e nem se envolver em coisas supérfluas e negativas, seguros que estais impregnados de energia positiva, bênçãos recebidas. Doai a todos os vossos queridos e irmãos companheiros de jornada a Luz desta Presença, irradiando harmonia, paz, cura, prosperidade e equilíbrio para suas vidas. Praticai esta disciplina, discípulos ou iniciantes, e vereis que começará em vossas vidas a delinear-se um novo horizonte.

Os discípulos dirigentes e os oficiantes devem procurar manter o ambiente harmonizado e silencioso, e procurar chegar mais cedo e preparar o ambiente, pedindo a Proteção do Arcanjo Miguel e de Suas Legiões Angelicais. Não devem incentivar as conversações, a não ser se for para o dirigente ou oficiante explicar alguma pergunta sobre a Fraternidade ou fazer alguma explicação ou ensinamento dos Mestres Ascensionados, isto é para manter a atmosfera de reverência e a freqüência vibratória alta, para o êxito do serviço. Músicas clássicas devem ser colocadas durante o período que antecede a cerimônia, e na hora do cerimonial procurar colocar a música do Ser de Luz do Templo que esteja aberto no período. Devem também os discípulos, ao chegarem nestes locais, ser encaminhados para os seus lugares e incentivados a acalmar suas mentes, pela concentração e meditação. Só desta maneira tornar-se-ão receptivos, para doarem e receberem as bênçãos das energias qualificadas durante estes trabalhos.

Com a aceleração dispensada para toda a Grande Fraternidade Branca, pela Shambala, e, em conseqüência, para todos os discípulos que, humilde e silenciosamente, se propuseram a trabalhar sob a orientação dos Mestres Ascensionados, independentes, desvinculados de todos os Serviços da Luz que já foram doados à Terra, foi-Nos concedida a libertação de rituais, unicamente ligados à Grande Fraternidade Branca e aos Mestres Ascensionados, visando, exclusivamente, a:

1º Ativar o despertar das consciências para a Poderosa Presença EU SOU, a Chama Trina, eminente em todos os corações.

2º Incentivar estes discípulos a trabalharem, agradecidamente, dando o comando, em todas as suas atividades, quer materiais ou espirituais, ao Cristo, ao Mestre Interno, ao Homem Dourado, ao EU SOU, ou qualquer outra dominação que possa ser do conhecimento dos discípulos, fazendo-os sentir que, só por meio da disciplina deste exercício, conseguirão a liberdade, a paz e a verdadeira felicidade tão almejadas por todos.

3º Fazer com que esses discípulos trabalhem e ajudem também, por meio dos apelos, na elevação da Terra e de sua humanidade.

4º Os apelos que colocamos à disposição dos discípulos não pertencem a nenhum movimento já criado e em atividade no plano físico. Pertencem, única e exclusivamente, aos Mestres Ascensionados e, por conseguinte, Grande Fraternidade Branca, e são doados a toda a humanidade.

5º Segue uma exposição de roteiros para rituais, que recebemos do Bem-Amado Mestre Ascensionado Saint Germain, com a incumbência de trazê-los ao conhecimento dos discípulos.[3]

Ensinamento do Bem Amado Mestre Djwal Kuhl

Cerimonial — Apelos — Ritmo — Liberdade

EU SOU O ELOHIM DO FOGO VIOLETA e venho, com Meus auxiliares, prestar o serviço de purificação à humanidade. Eu, Meu Complemento Divino a Bem-Amada Diana, e todos os Seres Elementais que se dedicam às tarefas do sétimo Raio, mantemos o ritmo

---
3. O Santuário da Grande Fraternidade Branca Arcanjo Miguel pede aos que estiverem interessados em aprender o cerimonial para ligarem para a Editora que vos informará o endereço.

dos apelos, rituais de cerimoniais quer seja dos grandes Construtores de Formas ou de um ser não ascensionado. Constantemente, liberamos o Fogo Violeta, mas quando isto é feito em um grupo, num cerimonial, se formam agregorias e isto nos facilita para proteger, aprimorar a forma e as bênçãos da misericórdia, transmutação e a liberdade. Nossa substância está presente em cada molécula do ser humano. Ante seus apelos à misericordiosa Chama Violeta, somos incentivados para ativar o Fogo purificador, transmutando os erros praticados pela humanidade, queimando e transmutando todos os carmas individuais, coletivos e planetários, tanto nesta como em outras encarnações passadas.

Apesar de a maioria das pessoas terráqueas viver dentro da maravilhosa irradiação universal, outros seres humanos encontram-se circundados pelas trevas autogeradas. O estado de sua consciência ainda não facilitou às Emanações de Vida, às ainda não ascensionadas, reconhecerem a Glória do Senhor.

Vós, discípulos da Luz, tendes o conhecimento da grande possibilidade que está ao vosso alcance e resolvestes, decididamente, atingir essa possibilidade que depende apenas de vós. O poder encontra-se em vossos corações. Necessitais apenas iniciar no caminho do discipulado, desenvolvendo a vossa Chama Trina (Cristo Interno) que está dentro de vós, incentivá-lo e, de forma enérgica, colocá-lo em atividade, para vos tornardes participantes das dádivas divinas.

Esse modo de viver é realmente de valor vital. De tempos em tempos, retornamos para escrever com letras de fogo, em vossos corações, os ensinamentos e a orientação certa de como os iniciantes e os discípulos devem usá-los, conduzindo a dádiva divina em vós, para que as forças internas sejam estimuladas e vos concedam sua energia, isto o Mestre Jesus vos ensinou quando disse: "Vós sois a Luz do Mundo". Dádivas como estas (ensinamentos e orientação) não devem ser aceitas levianamente. Aquilo que, por muita vivência, acumulamos, experiências após experiências, tarefas após tarefas, colocamos à disposição dos discípulos que Nos seguem, sem esperar deles a aplicação destas dádivas, para que possamos agir, como o Mestre Jesus explica: "A Luz não se põe debaixo de uma mesa, mas se coloca bem no alto para que todos possam enxergar".

Observamos, muitas vezes, que o discípulo ao pedir auxílio e antes de este auxílio chegar a ele, seu pensamento já foi desviado para as coisas triviais da vida cotidiana. Esta maneira de agir ou falta de concentração e de confiança no auxílio que vem do Alto, não traz qualquer benefício para ele. O discípulo deverá permanecer em profundo estado de receptividade, antes que as abençoadas dádivas possam vir a ele. Existem possibilidades para afastar de vossa vida todas as trevas e todos os abismos (cegueira espiritual). Confiai no auxílio de vossos Amigos da Luz. Agarrai-vos a Eles, pedindo Seu socorro. Estaremos ao vosso lado, para abençoar-vos.

Como iniciamos a Era Aquariana, em que o Bem-Amado Mestre Ascensionado Saint Germain assumiu o Cetro do Poder do Fogo Violeta, e já que nesta época atual os corações estão mais receptivos, desejamos à semelhança de uma preparação ao grande derramamento de Luz, afastar as trevas que vos circundam. Tudo que acumulaste em vossos invólucros, em forma de imperfeições (vibração baixa) está dissolvido. EU SOU o Elohim do Fogo Violeta. Vigiai e orai para que, por meio de pensamentos e palavras, não venham acumular-se novas trevas. Mantede-vos, constantemente, receptivos às forças da Luz que fluem, livremente em vosso mundo, todas as vezes que desejardes captá-las e tantas vezes estiverdes preparados para recebê-las. A puríssima irradiação do Fogo Violeta vos envolve e afasta tudo que se opõe à resistência da Luz Divina. Apelai a Nós, de boa vontade faremos este Serviço, sempre que necessitardes. Esta é a Nossa oferta aos discípulos e aos iniciantes que se dedicam, fervorosamente, em expandir a Luz, e como Eu estou fechando este livro FAÇA-SE A LUZ!... E A LUZ FOI FEITA com chave de ouro, com os ensinamentos da Grande Fraternidade Branca, deixo-vos um apelo. EU SOU EU SOU EU SOU.

Ensinamento do Elohim Arcturus
do Fogo Violeta da Misericórdia

Apelo do Elohim Arcturus

Visualizai, pairando acima do vosso santuário, um triângulo de Luz Violeta cristalina. Projetando-se do centro da base para além do ápice, visualizai um pilar de Chama Violeta cristalina, girando na mais alta gama, difundindo os Raios desta Chama em todas as direções e doando as virtudes da compreensão, da transmutação, do ritmo, da liberdade, da misericórdia e da paz para todos os discípulos e pela humanidade. Se forma neste recinto uma Enorme Agregori.

Bem-Amada Triunfante Presença Divina EU SOU, em mim, o imortal Chama autogerada do Amor da nossa Chama Trina que bate em nosso coração físico e em toda a humanidade. O poderoso Arcturus e Seu Complemento Divino Diana, Arcanjo Ezequiel, Santa Ametista, Mestre Saint Germain, Mãe Kuanim, Príncipe Oromasis e todos os Seres de Luz que manejam o Fogo Violeta sobre o nosso Planeta, que o Vosso poder magnético e pelo poder do Fogo Sagrado que me foi confiado, invoco as Vossas Presenças e o poder das Vossas experiências acumuladas como servidores da Luz de Deus que nunca falha, está presente, envolvei todos nós e toda a humanidade, o Reino dos Elementais, dos anjos e do reino animal e a todos os que evoluem sobre a Terra.

Fazei com que os Vossos deslumbrantes da Luz do Grande Sol Central de Deus Alfa e Ômega inundem totalmente o nosso Planeta, transmutando tudo que não é Luz, na Luz de Deus que nunca falha, está sempre presente. EU SOU EU SOU EU SOU!

Consideração Final

Meus bem-amados iniciantes ao caminho do discipulado, os ensinamentos deste livro foram trazidos por Nós da Grande Fraternidade Branca, para que cada estudante possa ter uma visão e o conhecimento maior do Reino de Deus.

Alegro-Me, sinceramente, pelas emanações de vida ainda não ascensionadas que queiram trabalhar, demonstrando um vivo interesse em transformar este Planeta na Estrela da Liberdade, e esta obra, Faça-Se a Luz!... e a Luz foi Feita, é o início de vossa caminhada ao conhecimento.

Confiai. O Templo do Fogo Violeta e suas respectivas legiões darão todo o auxílio possível em resposta aos vossos apelos, pois eles são a razão de Minha existência.

Posso assegurar-vos que, até agora, apenas a superfície da Terra foi tocada pelo poder maravilhoso dos ritos da verdadeira Ordem Branca. Após a purificação definitiva do Planeta, com a transmutação do caos ocasionado pelas maldades humanas, ficareis encantados com a grandiosidade da Nova Era, que substituirá com beleza e perfeição a decadência, a infelicidade e o aviltamento de outros tempos.

O advento da Nova Era está mais próximo do que o vosso bem-amado coração pode supor. Eu vos agradeço, meus bem-amados, pela persistência com que executam as Nossas tarefas, vos parecem impraticáveis quando pensais em continuar o processo de libertação que ocorrerá sob Meu Reinado. Eu vos Amo com aquele amor que está acima de toda compreensão humana. Levai este conhecimento a todos. O conhecimento é como a água. Se represar e não der vazão, ela tem força para derrubar até as barragens. Tudo está acessível a vós, agora e sempre.

EU SOU Mestre Ascensionado Saint Germain

Leitura Recomendada

Confederação Intergaláctica
De Sanat Kumara aos Extraterrestres, pelos Habitantes de Urantia
Rodrigo Romo

Neste livro, você vai saber a relação existente entre nós, a Fraternidade Branca e os Confederados, com seus Comandos Estelares, aos quais, de uma forma simplista, chamamos de Extraterrestres.

Confederação Intergaláctica II
A Cosmogênesis dos Criadores
Carmem Romo e Rodrigo Romo

Confederação Intergaláctica II apresenta o fluxo das esferas superiores junto às revelações já existentes nos textos transcritos desde tempos remotos da humanidade. Os autores colocam um parâmetro para que os leitores possam compreender melhor as hierarquias siderais e espirituais que participaram da criação nos diversos planos existenciais, estabelecendo assim uma linha cronológica imaginária.

Agenda Pleiadiana, A
Conhecimento Cósmico para a Era da Luz
Barbara Hand Clow

Um livro impressionante que mostra os atuais avanços tecnológicos como ferramentas para nossas escolhas na Idade da Luz, quando o nosso mundo se dividir em dois e tivermos de escolher em qual realidade viveremos. E os pleiadianos estão nos ajudando nessa escolha.

Os Sete Mestres
Suas Origens e Criações
Maria Silvia P. Orlovas

Os Sete Mestres — Suas Origens e Criações, obra que contém mensagens canalizadas pela terapeuta Maria Silvia Pacini Orlovas, mostra a trajetória desses seres iluminados, os Mestres Ascensionados da Fraternidade Branca, que, segundo a autora, seus ensinamentos estão cada vez mais próximos do homem, justamente para ele ter condições de colocar em prática aquilo que "sente".

Leitura Recomendada

CURSO DE MAESTRIA E ASCENSÃO
por Saint Germain
Carmen Balhestero

Curso de Maestria e Ascensão coloca os ensinamentos do Mestre Saint Germain à disposição de toda e qualquer pessoa que queira dar um passo em direção a uma completa modificação na sua qualidade de vida, habilitando-se a conquistar a plenitude na fisicalidade e longe — bem longe — de idéias distorcidas a respeito de riqueza material e grandeza espiritual.

MILAGRES SÃO NATURAIS...
Manifeste o seu!
Carmen Balhestero

Este é mais um lançamento de Carmen Balhestero, autora extremamente conceituada na Fraternidade Branca. *Milagres São Naturais*, como o próprio título diz, é um livro que mostra, ao contrário do que muitos pensam, que os milagres acontecem no dia-a-dia e que é uma manifestação natural, mas, para isso, é necessário acreditar.

11:11
A Abertura dos Portais
Solara

Imagine um gatilho pré-codificado colocado dentro de seus bancos celulares de memória antes de sua descida à matéria... É um portal dimensional. Isso é o 11:11!

ANCORANDO SEU CORPO DE LUZ
Curando o Auto-abuso e Recuperando sua Verdadeira Identidade
Aeoliah Kuthumy

Em *Ancorando seu Corpo de Luz*, você encontrará as respostas a todas as suas indagações e muito mais. À medida que você, leitor, for caminhando pelas páginas deste livro, automaticamente entrará em contato com os centros mais altos de energia e, assim, descobrirá a causa-efeito de sua autonegação e auto-abuso.

Leitura Recomendada

Cromoterapia para Crianças
O Caminho da Cura
Dr. Med. Neeresh F. Pagnamenta

Em uma linguagem simples e objetiva, repleta de carinho e envolvimento, conceitos e técnicas terapêuticas específicas vão sendo transmitidos, e o milagre das cores vai se revelando eficiente para você curar as crianças de alergias, asma, bronquite, diarréia, eczemas, insegurança....

Fonte de Cura dos Chakras e das Cores, A
Alijandra

Este livro é uma síntese muito bem elaborada e apresentada sobre a cura pela energia das cores. Isto envolve não só a cor aplicada fisicamente, mas também produzida energeticamente. O que este livro contém ultrapassa o essencial, satisfazendo totalmente a curiosidade teórica do leitor.

Cura Espiritual Através das Mãos
Deixe sua energia fluir
Michael Bradford

Um manual de treinamento no qual você vai constatar que a arte da cura é bem mais simples do que imaginava!

Sonda de Arcturus
Contos e Relatos
José Argüelles

Arcturus é o nome dado ao sistema estelar localizado 37 anos-luz do nosso. O envolvimento Arcturiano como nosso sistema começou há 3 milhões de anos, quando uma colônia espacial estabeleceu-se em Velatropa 24.4, também conhecida como Marte.

Leitura Recomendada

Aura-Soma
A Quintessência dos Mestres
Anita Bind-Klinger, com 100 cartas coloridas de Gundi Hofinger

Neste livro, o ponto forte é a descrição dos pomânderes e das essências dos mestres, ou quintessências, que fazem parte da experiência direta da autora, a partir da qual ela idealizou sua obra.

Meditando com os Mestres dos 7 Raios
Maria Silvia P. Orlovas

Encha sua vida de Luz! Medite e pratique os exercícios, pois importantes respostas para a sua vida poderão ser encontradas a partir dos mesmos.

Aura-Soma
Terapia de Cor e Luz
Galaadriel Flammini e Robert Hasinger

Por meio deste livro, o leitor toma contato com uma simples e singela introdução ao mundo da Aura-Soma, um mundo de cores e luzes, movido pelos reinos mineral e vegetal e potencializado pelo Aroma e pelas Água-luzes: Um mundo de substâncias curativas liberadas da flora e dos minerais e introduzidas nos óleos balanceados para melhor servir ao homem.

Gruta do Sol, A
Auxiliado pelos Mestres da Luz, ele encontrou a Gruta...
Mariza Varela

Nesse livro você acompanhará as sete etapas de aprendizado de um menino, orientado pelos Mestres Ascencionados. Uma extraordinária história que busca o crescimento espiritual onde o prêmio será a Evolução.